DURCH STARTEN

ZUR VORWISSENSCHSCHAFTLICHEN ARBEIT

10 bis 12

ÜBUNGSBUCH

VerfasserInnen: Monika Prenner und Klaus Samac

Entspricht der Rechtschreibreform 2006

Bibliografische Information der Deutschen Bibliothek:
Die Deutsche Bibliothek verzeichnet diese Publikation in der Deutschen Nationalbibliografie; detaillierte bibliografische Daten sind im Internet über http://dnb.ddb.de abrufbar.

Gedruckt in Österreich auf umweltfreundlich hergestelltem Papier

www.durchstarten.at

Lektorat: Klaus Kopinitsch
Bildredaktion: Alexandra Rittberger
Grafische Gestaltung: Ingrid Zuckerstätter
Umschlagfoto: ingimage.com
Illustrationen: Helmut »Dino« Breneis
Satz: Harald Leiter
Herstellung: Julia Bamberger

3. Auflage 2014
ISBN 978-3-7058-8721-3

VERITAS
Gemeinsam besser lernen

Inhaltsverzeichnis

Key: 408

Zum Inhalt

Die Neukonzeption der Reifeprüfung ab dem Schuljahr 2014/15 für allgemeinbildende höhere Schulen in Österreich soll mit den drei voneinander unabhängigen Säulen (verpflichtende Vorwissenschaftliche Arbeit mit Präsentation, standardisierte schriftliche Klausurprüfung, standortbezogene mündliche Prüfung) den Anforderungen nach Erhöhung der Studierfähigkeit, Standardisierung und Kompetenzorientierung sowie der Wahrung von standortbezogenen Spezifizierungen und schulautonomen Profilbildungen Rechnung tragen. Die positiven Erfahrungen aus den Bereichen der Fachbereichsarbeit sowie der Spezialfrage sollen in der Vorwissenschaftlichen Arbeit vereint werden. Sie ist eine eigenständige, außerhalb der Unterrichtszeit zu erstellende Arbeit, durch welche die Maturantinnen und Maturanten ihre Fähigkeit zum selbstständigen und vernetzten Denken unter Beweis stellen können. Die im Rahmen der Präsentation nachgewiesene Ausdrucks- und Diskursfähigkeit (Präsentationskompetenz) sind ebenso Teil der Gesamtbeurteilung.

Alle Inhalte und Vorschläge in diesem Lehr- und Arbeitsbuch orientieren sich

(1) an den Vorgaben des 52. Bundesgesetzes vom 19. Juli 2010, mit dem das Schulunterrichtsgesetz geändert wurde[1],

(2) an den recherchierten Vorgaben, die auf der Homepage des Bundesministerium für Unterricht, Kunst und Kultur[2] zu finden sind, sowie

(3) an den Informationen des Bundesinstitutes für Bildungsforschung, Innovation und Entwicklung des österreichischen Schulwesens (BIFIE)[3].

Das Arbeitsbuch wurde so gestaltet, dass die Schülerinnen und Schüler eine „Step-by-Step"-Anleitung zum selbstständigen Erstellen ihrer Vorwissenschaftlichen Arbeit erhalten.

Im ersten Kapitel werden neben den rechtlichen Grundlagen beziehungsweise den Durchführungsbestimmungen die Rechte und Pflichten der Schülerinnen und Schüler sowie Hinweise zum Zeitrahmen dargelegt. Im zweiten Kapitel wird aufgezeigt, wie Schülerinnen und Schüler an ein Thema herangehen und die unbedingt notwendige(n) Fragestellung(en) daraus entwickeln können. Das Kapitel 3 behandelt die Recherche und die richtige Zitation. Möglichkeiten der Literatur- und Quellensuche einschließlich der Literaturrecherche mit Hilfe des Internets sowie die Formalkriterien bei Zitation und Quellenangaben werden aufgezeigt. Die formale Gestaltung der einzelnen Strukturteile und Möglichkeiten der äußeren Gestaltung bzw. des Layouts werden im vierten Kapitel dargestellt und beschrieben. Das fünfte konzentriert sich auf den Bereich der Präsentation und Diskussion. Den Abschluss bildet ein Kapitel zur Beurteilung. Die Schülerinnen und Schüler erhalten eine mögliche Anleitung zur Vorbereitung, Darbietung und Diskussion des Erkenntnisgewinns aus ihrer Vorwissenschaftlichen Arbeit. Es wurde auch der Versuch unternommen, zum Ablauf dieses Teils der mündlichen Reifeprüfung aus pädagogischer Sicht Stellung zu beziehen. Weiters werden Möglichkeiten aufgezeigt, wie die Beurteilung nach pädagogischen und wissenschaftlichen Grundsätzen ausgerichtet werden kann.

---

[1] Schulunterrichtsgesetz 2010 – SchUG: Österreichisches Bundesgesetz vom 19. Juli 2010, mit dem das Schulunterrichtsgesetz geändert wird. BGBl. Nr. 52/2010. URL: http://www.ris.bka.gv.at/Dokumente/BgblAuth/BGBLA_2010_I_52/BGBLA_2010_I_52.pdf [10.12.2013]

[2] Bundesministerium für Unterricht, Kunst und Kultur – BMUKK (11/2013): *Die neue AHS-Reifeprüfung. Die neue BHS-Reife- und -Diplomprüfung.* URL: http://www.bmukk.gv.at/schulen/unterricht/ba/reifepruefungneu.xml [10.12.2013]

[3] Bundesinstitut für Bildungsforschung, Innovation & Entwicklung des österreichischen Schulwesens – BIFIE (2011): *Standardisierte Reife- und Diplomprüfung.* URL: https://www.bifie.at/node/134 [10.12.2013]

Jedes Kapitel ist nach folgendem Schema aufgebaut:

Fragen
Ausgehend von einem Comic stellen Schülerinnen und Schüler immer wieder Fragen zu ihrer Vorwissenschaftlichen Arbeit und sprechen die damit verbundenen Herausforderungen an.

Infos
Wesentliche Sachinformationen zu den von den Schülerinnen und Schülern gestellten Fragen werden gegeben.

Erkenntnis
Die Schülerinnen und Schüler aus dem Einstiegscomic nähern sich durch theoretische Überlegungen und praktisches Tun den Antworten auf ihre gestellten Fragen.

Checkliste
Besonders Wichtiges wird in einer Checkliste angeführt, die zu einem Abarbeiten animieren soll.

Musterbeispiele
Hier werden über alle Kapitel hinweg die wichtigsten Schritte an einer exemplarischen Vorwissenschaftlichen Arbeit vorgeführt und weitere Beispiele gegeben.

Übung
Ihre eigenen Aktivitäten sollen Sie Schritt für Schritt zu Ihrer Vorwissenschaftlichen Arbeit anleiten.

Top five
Die wesentlichen fünf Aspekte des Kapitels sind nochmals zusammengefasst.

Das **Lehrbuch** wurde **für Schülerinnen und Schüler konzipiert**, die zum ersten Mal mit der Aufgabe konfrontiert sind, eigenständig (mit minimaler Fremdunterstützung) eine schriftliche Abschlussarbeit zu verfassen, die weitgehend den allgemeinen (vor)wissenschaftlichen Ansprüchen genügen soll. Daher werden weder umfassende Darstellungen wissenschaftlicher Vorgehensweisen angeboten noch sämtliche in der wissenschaftlichen Literatur vorfindbare Formalkriterien schriftlichen Arbeitens diskutiert.

Eine Anmerkung zur Schreibweise „Vorwissenschaftliche Arbeit“:
Da das Adjektiv *vorwissenschaftlich* mit dem folgenden Substantiv *Arbeit* einen idiomatisierten Gesamtbegriff bildet, wird im Buch einheitlich die Großschreibung verwendet.

1.1 Wissenswertes zur „Vorwissenschaftlichen Arbeit (VWA)"

Die Jugendlichen stellen sich folgende Fragen:
Was ist eine Vorwissenschaftliche Arbeit?
Welche Kriterien sind zu erfüllen?
Welcher Zeitrahmen muss berücksichtigt werden?

1.1.1 Gesetzliche Grundlagen

Am 19. Juli 2010 wurde vom Nationalrat ein Gesetz verabschiedet, das die Einführung einer standardisierten, kompetenzorientierten Reifeprüfung im AHS-Bereich ab dem Schuljahr 2014/15 und für den BHS-Bereich ab dem Schuljahr 2015/16 vorschreibt.[4]

Bezüglich der Hauptprüfung der abschließenden Prüfung (Reifeprüfung) an einer allgemein- und berufsbildenden höheren Schule wurde im 52. Bundesgesetzblatt als Änderung zum Schulunterrichtsgesetz im § 34 Abs. 3 Z 1 Folgendes festgelegt:

[4] SchUG, BGBl. Nr. 52/2010, §§ 34–41

„Die Hauptprüfung besteht aus

1. einer abschließenden Arbeit (einschließlich deren Präsentation und Diskussion), die **selbständig und außerhalb der Unterrichtszeit** zu erstellen ist (in höheren Schulen auf vorwissenschaftlichem Niveau; mit Abschluss- oder Diplomcharakter),
2. einer Klausurprüfung, die schriftliche, grafische und/oder praktische Klausurarbeiten und allfällige mündliche Kompensationsprüfungen umfasst, und
3. einer mündlichen Prüfung, die mündliche Teilprüfungen umfasst.“[5]

Die neue Reifeprüfung setzt sich somit aus drei voneinander unabhängigen Prüfungsteilen zusammen („Drei-Säulen-Modell“, siehe Darstellung 1):

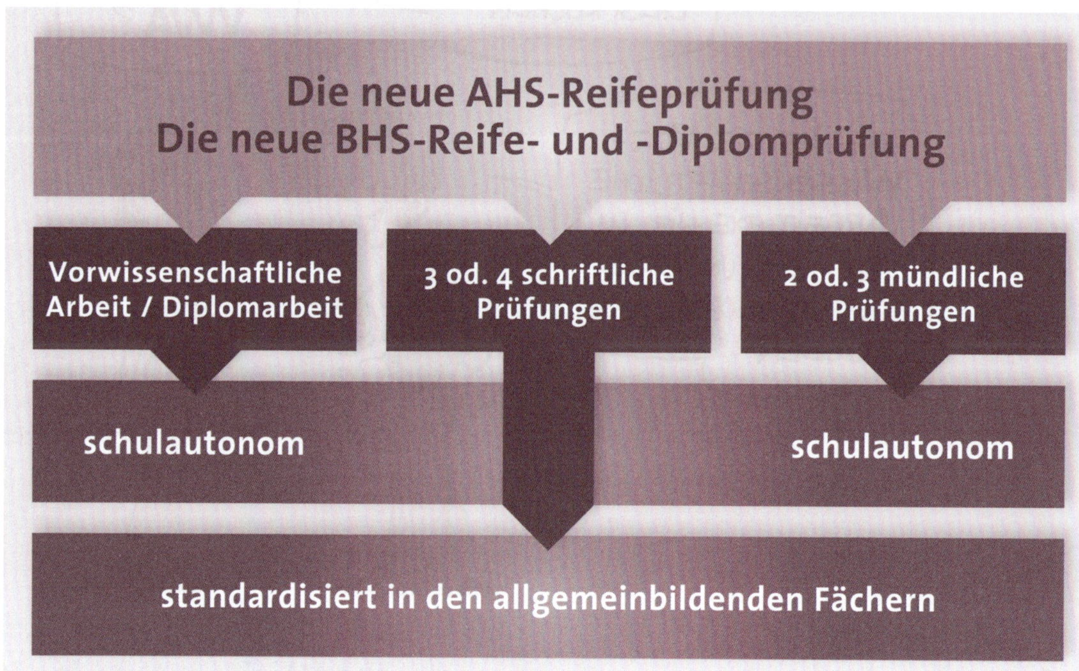

Darstellung 1: Das „Drei-Säulen-Modell“ der neuen Reifeprüfung[6]

Aufgabenstellung und Termine

„Die Aufgabenstellung der abschließenden Arbeit gemäß § 34 Abs. 3 Z 1 ist darüber hinaus unter Beachtung des Bildungszieles der jeweiligen Schulart (Schulform, Fachrichtung) so zu gestalten, dass der Prüfungskandidat umfangreiche Kenntnisse und die Beherrschung von dem jeweiligen Prüfungsgebiet oder der jeweiligen Fachdisziplin angemessenen Methoden sowie seine Selbständigkeit bei der Aufgabenbewältigung und seine Fähigkeit in der Kommunikation und Fachdiskussion im Rahmen der Präsentation und Diskussion unter Beweis stellen kann.“[7]

Explizit angeführt wird weiters, dass die Prüfungskandidatin bzw. der Prüfungskandidat während der Erstellung bis zur Abgabe der abschließenden Arbeit kontinuierlich von der Prüferin bzw. vom Prüfer zu betreuen ist. Es soll dabei aber besonders auf die Selbstständigkeit der Leistungen der Schülerin bzw. des Schülers geachtet werden.[8]

[5] SchUG, BGBl. Nr. 52/2010, § 34 (3) 1
[6] BMUKK 2010, http://www.bmukk.gv.at/schulen/unterricht/ba/reifepruefungneu.xml [10.12.2013]
[7] SchUG, BGBl. Nr. 52/2010, §37(3)
[8] Vgl. SchUG, BGBl. Nr. 52/2010, §37(4)

Für die erstmalige Abgabe der abschließenden Arbeit gemäß § 34 Abs. 3 Z 1 wurde laut Gesetz bestimmt, dass sie „innerhalb des 2. Semesters der letzten Schulstufe vor dem Beginn der Klausurprüfung im Haupttermin“[9] stattfinden muss. Der konkrete Termin wird durch die zuständige Bundesministerin bzw. den Bundesminister festgelegt.[10]
Die Vorwissenschaftliche Arbeit muss in gedruckter und digitaler Form der betreuenden Lehrperson abgegeben werden. Die Betreuerin bzw. der Betreuer wird danach die Korrektur vornehmen und die „Beschreibung der Arbeit“ fertigstellen. Den Termin für die Präsentation und Diskussion der VWA, die im Rahmen der mündlichen Prüfungen stattfindet, setzt die Schulbehörde erster Instanz (Landes- oder Stadtschulrat) fest.[11]

Prüfungsbedingungen

Aufgrund dieser Änderungen und der Einführung der verpflichtenden Vorwissenschaftlichen Arbeit sowie die Einbindung deren Präsentation in die mündliche Schlussprüfung als Teilbereich der Reifeprüfung musste auch die Zusammensetzung der Prüfungskommission angepasst werden. Sie besteht meist aus vier bis fünf Mitgliedern[12]:

1. Die Vorsitzende/der Vorsitzende (Schulbehörde erster Instanz bestellt Expertin/Experten des höheren Schulwesens),
2. die Schulleiterin/der Schulleiter,
3. die Klassenvorständin/der Klassenvorstand,
4. jene Lehrerin/jener Lehrer, die/der die Vorwissenschaftliche Arbeit betreut hat oder die/der das jeweilige Prüfungsgebiet der Klausurprüfung oder der mündlichen Prüfung bildenden Unterrichtsgegenstand oder Unterrichtsgegenstände in der betreffenden Klasse unterrichtet hat (Prüferin/Prüfer) und
5. eventuell eine fachkundige Beisitzerin/ein fachkundiger Beisitzer.

Die grundsätzlich öffentlichen Prüfungen vor der jeweiligen Prüfungskommission sind so zu gestalten, dass die Prüfungskandidatin/der Prüfungskandidat bei der Lösung der Aufgaben die Möglichkeit hat, nicht nur seine Kenntnisse des Prüfungsgebietes, sondern auch ihre/seine Einsicht in die Zusammenhänge zwischen verschiedenen Sachgebieten sowie die Eigenständigkeit im Denken und in der Anwendung des Lehrstoffes nachzuweisen.[13] Die Diskussion zur VWA wird sich im Sinne einer Disputation auf Ihre schriftliche Arbeit beziehen und wegen der zeitlichen Beschränktheit keine Fragen über das Umfeld des Themas in den Mittelpunkt stellen.[14]

Beurteilung

Zur Beurteilung der Leistungen wird im Gesetzblatt angeführt, dass die Leistungen der Prüfungskandidatin/des Prüfungskandidaten bei der abschließenden Arbeit (einschließlich deren Präsentation und Diskussion) auf Grund eines Antrages der Prüferin/des Prüfers der abschließenden Arbeit von der jeweiligen Prüfungskommission der Hauptprüfung zu beurteilen sind (Beurteilung der abschließenden Arbeit).[15]

---

[9] SchUG, BGBl. Nr. 52/2010, §36(2)
[10] SchUG, BGBl. Nr. 52/2010, §36(4)
[11] BMUKK 2011, S. 20.
[12] Vgl. SchUG, BGBl. Nr. 52/2010, §35(2)
[13] Vgl. SchUG, BGBl. Nr. 52/2010, §37(3)
[14] Vgl. BMUKK 2011, S. 22
[15] Vgl. SchUG, BGBl. Nr. 52/2010, §38(2)

Die betreuende Lehrperson verfasst eine schriftliche Beschreibung über die Vorzüge und Schwächen der abschließenden Arbeit. Die Gesamtbeurteilung wird nach der Präsentation festgelegt (siehe Kap. 6).
Neben den Personalangaben und den einzelnen Noten muss laut SchUG § 39 (2) auch die Themenstellung der abschließenden Arbeit im Prüfungszeugnis aufscheinen. Wird die abschließende Arbeit (inkl. Präsentation und Diskussion) mit „Nicht genügend" oder wegen vorgetäuschter Leistungen nicht beurteilt, so hat die Wiederholung „nach Maßgabe näherer Festlegungen durch Verordnung mit neuer Themenstellung oder in anderer Form zu erfolgen"[16].
Die teilzentrale Reifeprüfung wird mit dem Teilbereich der abschließenden Arbeit in den allgemeinbildenden Schulformen (Vorwissenschaftliche Arbeit) ab Haupttermin 2015 und in den berufsbildenden höheren Schulen (Diplomarbeit) ab 2016 durchgeführt.[17]

1.1.2 Zeitrahmen und Umfang der VWA

Grundsätzlich sollte bereits in der Unterstufe mit der Erarbeitung von basisorientierten Kompetenzen zum späteren wissenschaftlichen Arbeiten begonnen werden. Dies kann bereits durch kleine selbstständig erarbeitete Referate mit exakter Quellenangabe erfolgen. Recherche- und Präsentationskompetenz können dadurch geübt werden.
Durch das Lesen und Zusammenfassen von aktuellen wissenschaftlichen Texten in den unterschiedlichen Fachgegenständen wird die Fach- und Schreibkompetenz erhöht.
Eine unverbindliche Übung zum wissenschaftlichen Arbeiten kann in der 10. oder 11. Schulstufe angeboten bzw. besucht werden.

Vorletztes Unterrichtsjahr

Im ersten Semester des vorletzten Unterrichtsjahres sollen sich die Schülerinnen und Schüler bereits intensiv mit der Themenfindung bzw. Aufgabenstellung sowie Wahl der betreuenden Lehrperson auseinandersetzen. Spätestens in der letzten Woche des Wintersemesters muss die Themenstellung der Vorwissenschaftlichen Arbeit im Einvernehmen zwischen der Schülerin bzw. dem Schüler und der betreuenden Lehrperson festgelegt werden.[18]
Es besteht für die Schülerinnen und Schüler grundsätzlich die freie Wahl einer Prüferin oder eines Prüfers. Da jede Schülerin bzw. jeder Schüler eine VWA verfassen muss und jede Lehrerin/jeder Lehrer nur fünf Arbeiten annehmen kann, sollten sich die Kandidatinnen und Kandidaten schon am Beginn des ersten Semesters des vorletzten Unterrichtsjahres mit dieser Materie gedanklich beschäftigen und sobald sie ein Thema ihres Interesses gefunden haben (siehe Kapitel 2) eine Lehrerin/einen Lehrer, die/den sie als Prüferin/Prüfer wünschen, darauf ansprechen. Die Lehrperson kann ein Thema ablehnen, nicht aber die Prüfungskandidatin bzw. den Prüfungskandidaten.[19]
Im Sommersemester des vorletzten Unterrichtsjahres, etwa Ende Februar, muss die Themenstellung inklusive Erwartungshorizont der Schulleitung zur Weiterleitung an die Schulbehörde erster Instanz vorgelegt werden. Die Zustimmung zur gewählten Themenstellung wird voraussichtlich spätestens Ende April erfolgen.
Bei Ablehnung ist von der Schülerin bzw. vom Schüler im Einvernehmen mit der betreuenden Lehrperson innerhalb von zwei Wochen eine neue Themenstellung einzureichen.[20]

[16] SchUG, BGBl. Nr. 52/2010, §40(2)
[17] Vgl. SchUG: http://www.ris.bka.gv.at [10.12.2013]
[18] Vgl. BMUKK 2013, S. 26
[19] Vgl. BMUKK 2013, S. 21
[20] Vgl. BMUKK 2013, S. 31

Letztes Unterrichtsjahr

„Während der Erstellung der abschließenden Arbeit gemäß § 34 Abs. 3 Z 1 [SchUG] ist der Prüfungskandidat in der letzten Schulstufe kontinuierlich vom Prüfer zu betreuen, wobei auf die Selbständigkeit der Leistungen des Prüfungskandidaten zu achten ist."[21]
Die Schülerinnen und Schüler müssen die Arbeit spätestens während der letzten Schulstufe vor dem jeweiligen Reifeprüfungstermin erarbeiten und die Fähigkeit zum eigenständigen wissenschaftlichen Arbeiten und somit die Studierfähigkeit unter Beweis stellen. Die Lehrerinnen bzw. Lehrer sollen durch kontinuierliche Betreuung den Prozess begleiten.[22]
Vom Umfang her soll die Vorwissenschaftliche Arbeit zwischen **40.000 und 60.000 Zeichen** (inkl. Leerzeichen) umfassen, wobei das Vorwort, das Abstract, die Verzeichnisse und der Anhang nicht mitgezählt werden.[23] Eine ungefähre Seitenzahl können Sie der Umrechnungstabelle entnehmen.
In einer abschließenden Präsentation und Diskussion sollen die Schülerinnen und Schüler ihre Fähigkeiten im Bereich der Kommunikations- und Fachkompetenz in Bezug auf das gewählte und bearbeitete Thema unter Beweis stellen (siehe Kapitel 5).
„Für die Präsentation und Diskussion einer Vorwissenschaftlichen Arbeit stehen insgesamt **zehn bis 15 Minuten** zur Verfügung. Allfällige technische oder andere Vorbereitungen sind nicht in die Zeit einzurechnen.[24]

Umrechnungstabelle Seiten/Wörter/Zeichen				
Seiten	**Zeilen**	**Wörter**	**Buchstaben**	**Zeichen**
–	1	10	50	60
1	34	340	2.200	2.500
20	500	4.800	31.000	36.000
25	625	6.000	38.750	45.000
30	750	7.200	46.500	54.000
35	875	8.400	54.250	63.000

Darstellung 2: Umrechnungstabelle Seiten/Wörter/Zeichen

Raum für Notizen

[21] SchUG, BGBl. Nr. 52/2010, §37(4)
[22] Vgl. BMUKK 2013, S. 26
[23] Vgl. BMUKK 2013, S. 5
[24] Vgl. BMUKK 2013, S. 21

Bildungsziele

Demnach definieren sich die Ziele einer abschließenden Arbeit in einer angemessenen Thematik, basierend auf einer sinnvollen Fragestellung, sowie im Arbeiten mit (vor)wissenschaftlichen Quellen und Methoden. Die gesamten Ausführungen, von der Begriffsdefinition bis zur Zusammenfassung, sollen logisches und kritisches Denken über Ursachen und/oder Zusammenhänge dokumentieren. Die Schülerinnen und Schüler sollen dabei ihre Selbstständigkeit unter Beweis stellen. Im Rahmen der Präsentation und Diskussion hat die Ausdrucks- und Diskursfähigkeit besondere Bedeutung.

Lukas und seine Schulkolleginnen und Schulkollegen wissen nun, wie die VWA im Gesetz definiert wurde. Sie haben erkannt, dass es sehr wichtig ist, schon am Beginn des Sommersemesters der vorletzten Schulstufe genaue Planungen anzustellen.

1.1.3 Was unterscheidet „vorwissenschaftlich" von „wissenschaftlich"?

VORWISSENSCHAFTLICH	WISSENSCHAFTLICH
Die Fragestellung …	
umfasst einen kleinen Bereich und kann mit einfachen Mitteln beantwortet werden.	behandelt zumindest teilweise Unbekanntes und die Formulierung lässt eine ausreichende Analyse zu.
Der Bezug zum aktuellen Forschungsstand („State of the Art") …	
ist aufgrund der Bearbeitung einiger wissenschaftlicher Texte bereits gegeben.	muss umfassend bearbeitet werden.
Der Erkenntnisgewinn …	
muss nichts „Neues" produzieren.	soll einen Beitrag zum aktuellen Stand der Wissenschaft liefern und einen gewissen Neuigkeitswert haben.[25]
Die methodische Vorgehensweise zur Beantwortung der Fragestellung …	
muss nachvollziehbar sein, aber nicht bis ins Detail mit den wissenschaftlichen Gütekriterien übereinstimmen.	muss den wissenschaftlichen Gütekriterien entsprechen.
Die Zitierregeln beim Verfassen von wissenschaftlichen Texten …	
müssen eingehalten werden.	müssen eingehalten werden.

Raum für Notizen

[25] Vgl. Henz 2011, S. 6

1.2 Checkliste 1 „Organisation“

☑ **Interesse überlegen und Aufgabenbereich erkunden**
- Im Wintersemester der vorletzten Schulstufe sollte der Interessensbereich festgelegt werden.
- Die VWA ist nicht einem Unterrichtsgegenstand zugeordnet.

☑ **Eine Lehrperson ansprechen**
- Für die Schülerinnen und Schüler besteht freie Wahlmöglichkeit.
- Die betreuende Lehrperson muss sachkompetent, aber „nicht unbedingt eine Klassenlehrkraft“[26] sein.

☑ **Thema der VWA festgelegen**
- Einvernehmen zwischen betreuender Lehrperson und Schülerin bzw. Schüler herstellen!
- Nachweislich durch die Schulleitung und Schulbehörde erster Instanz approbieren lassen!

☑ **Themenstellung mit Untertitel (optional)**
- „Erwartungshorizont“ absprechen und schriftlich festhalten!

☑ **Gespräch zwischen Lehrperson und Schülerin bzw. Schüler**
- Inhalte: Allgemeines, Organisatorisches, „Spielregeln“, Intention, Konsequenzen bei Verwendung unerlaubter Hilfsmittel ...

☑ **Weitere Beratungsgespräche** (Coaching)
- Fortschritt/Prozess beobachten und protokollieren!

☑ **Begleitprotokoll für Schülerinnen und Schüler verpflichtend**
- Eigene Fortschritte dokumentieren!

☑ **Abgabe der VWA (inkl. Begleitprotokoll)**

☑ **Vorlage:** digital und in Printversion (2 Exemplare)[27]

Raum für Notizen

[26] Vgl. BMUKK 2013, S. 20
[27] Vgl. BMUKK 2013, S. 17

1.3 Beispiel 1 „Zeitplan“

Phase	Aktionen[28]		Zeit(punkt)[29]
Fähigkeiten und Fertigkeiten aneignen	Referate, Zusammenfassungen schreiben		Unterstufe und 9. Schulstufe
Kompetenzen erwerben	Unverbindliche Übung zum wissenschaftlichen Arbeiten: Recherchieren, Zitieren, Texte verfassen usw.	6. Klasse	Wintersemester und/oder Sommersemester der 10. Schulstufe
Planung (**Kapitel 1**)	Erste Überlegungen anstellen, Zeitplan bzw. Arbeitsplan entwickeln	7. Klasse	Mitte des Herbstsemesters der vorletzten Klasse (November/Dezember)
Thema überlegen (**Kapitel 2**)	Unterlagen sammeln		
Prüferin/Prüfer wählen und ansprechen	Überlegungen verschriftlichen, Titel (und ev. Untertitel) exakt ausformulieren, Fragestellung konkretisieren		
	Protokollformulare erstellen und Erwartungshorizont (ev. Exposé) festlegen		
Festlegung der Themenstellung	Einvernehmen zwischen Schülerin bzw. Schüler und der betreuenden Lehrperson, Anmeldung zur VWA		Letzte Jännerwoche
Vorlage der Themenstellung	Thema und Erwartungshorizont bei der Schulleitung abgeben (Weiterleitung an die Schulbehörde erster Instanz)		Ende Februar
Zustimmung	Schulbehörde erster Instanz bestätigt die Themenstellung		Ende April
Planen	Erstes individuelles Beratungsgespräch (Allgemeines, Organisatorisches, „Spielregeln“, Intention, Konsequenzen bei Verwendung unerlaubter Hilfsmittel ...)		Gegen Ende des Sommersemesters der vorletzten Klasse (Mai/Juni)
Recherchieren (**Kapitel 3**)	Material und Informationen sammeln 1–2 Beratungsgespräche		(Ev.) Ferien und Beginn des ersten Semesters der Abschlussklasse (August/September/Oktober)
Arbeit verfassen und gestalten (**Kapitel 4**)	Schreiben und formatieren 1–2 Beratungsgespräche	8. Klasse	Mitte des ersten Semesters der Abschlussklasse (Oktober/November/Dezember)
Fertigstellen der Arbeit	Endkorrektur		Gegen Ende des ersten Semesters der Abschlussklasse (Dezember/Jänner)
	Abgabe der VWA (inkl. Begleitprotokoll) in gedruckter und digitaler Form		
Korrektur	Korrektur und Fertigstellen der „Beschreibung der Arbeit“ durch die betreuende Lehrperson		Ende der ersten Unterrichtswoche des 2. Semesters
Vorbereiten der Präsentation und Diskussion (**Kapitel 5**)	Letztes Beratungsgespräch		Die Schulbehörde legt den Termin für die Präsentation der VWA fest

Darstellung 3: Zeitplan

[28] Vgl. BMUKK 2013, S. 19
[29] Vgl. BMUKK 2013, S. 31

1.4 Üben 1

1. Erstellen Sie für sich selbst einen verbindlichen Zeitplan (siehe Beispiel 1):

Phase	Aktionen		Zeit(punkt) – Datum
Kompetenzen erwerben	Unverbindliche Übung zum wissenschaftlichen Arbeiten: Recherchieren, Zitieren, Texte verfassen usw.	6. Klasse	Wintersemester und/oder Sommersemester der 10. Schulstufe
Planung (Kapitel 1)	Erste Überlegungen anstellen, Zeitplan bzw. Arbeitsplan entwickeln	7. Klasse	
Thema überlegen (Kapitel 2)	Unterlagen sammeln		
Prüferin/Prüfer wählen und ansprechen	Überlegungen verschriftlichen, Titel (und ev. Untertitel) exakt ausformulieren, Fragestellung konkretisieren		
	Protokollformulare erstellen und Erwartungshorizont (ev. Exposé) festlegen		
Festlegung der Themenstellung	Einvernehmen zwischen Schülerin bzw. Schüler und der betreuenden Lehrperson, Anmeldung zur VWA		
Vorlage der Themenstellung	Thema und Erwartungshorizont bei der Schulleitung abgeben (Weiterleitung an die Schulbehörde erster Instanz)		
Zustimmung	Schulbehörde erster Instanz bestätigt die Themenstellung		
Planen	Erstes individuelles Beratungsgespräch (Allgemeines, Organisatorisches, „Spielregeln“, Intention, Konsequenzen bei Verwendung unerlaubter Hilfsmittel ...)		
Recherchieren (Kapitel 3)	Material und Informationen sammeln 1–2 Beratungsgespräche	8. Klasse	
Arbeit verfassen und gestalten (Kapitel 4)	Schreiben und formatieren 1–2 Beratungsgespräche		
Fertigstellen der Arbeit	Endkorrektur		
	Abgabe der VWA (inkl. Begleitprotokoll) in gedruckter und digitaler Form		
Korrektur	Korrektur und Fertigstellen der „Beschreibung der Arbeit“ durch die betreuende Lehrperson		
Vorbereiten der Präsentation und Diskussion (Kapitel 5)	Letztes Beratungsgespräch		

Darstellung 4: Zeitplan – Üben

2. Sie müssen ein persönliches Begleitprotokoll (Raster) entweder selbst entwerfen oder aber ausfüllen, falls Ihre Schule ein einheitliches Formblatt zur Verfügung stellt (siehe Beispiel).

Beispiel für ein Begleitprotokoll zur VWA				
Name	Julia Jedermann	**Klasse**		7 b
Prüfer/in	Mag. Manfred Muster			
Termin	**Inhalt**	**Aufträge**	**Hilfestellung/ Hilfsmittel**	**erledigt**
5. Mai	1. Beratungsgespräch Intentionen darlegen Ich möchte über „Facebook“ schreiben.	Arbeitsbereich eingrenzen, Thema überlegen	Literaturhinweis: Uwe, Grosser (Hrsg.): (K)Ein Ende der Privatheit. Strategien zur Sensibilisierung junger Menschen beim Umgang mit Daten im Internet (S. 111–116). Berlin: Raben Stück Verlag	✓
12. Sept.	2. Beratungsgespräch Themenvorschlag: „Facebook und Privatsphäre“	Aktuelle Untersuchungen recherchieren, konkrete Fragestellungen überlegen	Deutsche Studienreihe „Jugend, Information, (Multi-)Media“, informiert seit 1998 im Jahresturnus über die momentanen Entwicklungen hinsichtlich der Mediennutzung Jugendlicher.	✓
20. Okt.	3. Beratungsgespräch Fragestellung: Welche Bedeutung messen Jugendliche den sozialen Netzwerken wie Facebook im Hinblick auf Datenfreigabe bei und wie schützen sie ihre Privatsphäre?	Überlegungen zur Methode anstellen (ev. Fragebogen) und weitere Literatur recherchieren	Literaturhinweis zur Methode: **Die Befragung**, Armin Scholl, UTB Und interessanter Web-Test „Welcher Webtyp bist du?“: http://www.watchyourweb.de/	✓
25. Nov.				
10. Feb.				

Darstellung 5: Begleitprotokoll – Beispiel

1.5 TOP FIVE 1

1. Besorgen Sie sich die schulinternen Unterlagen zur Vorwissenschaftlichen Arbeit!

2. Legen Sie eine Mappe für die Unterlagen zur Erstellung Ihrer VWA an! Diese hilft Ihnen sehr beim Strukturieren Ihres Erarbeitungsprozesses!

3. Erarbeiten Sie sich einen persönlichen Zeitplan (Üben 1, Seite 17) und heften Sie ihn in der Mappe ein! Beachten Sie dabei eventuell auch die prozentuelle beispielhafte Gewichtung in Darstellung 6!

4. Erstellen Sie ein Begleitprotokoll und legen Sie es ebenfalls in der Mappe ab!

5. Recherchieren Sie passend zu Ihrer Thematik ein interessantes pdf-File, drucken Sie dieses aus und heften Sie es in der Mappe ab!

1	Gesamtplanung	5%
2	Detailplanung	5%
3	Recherchieren	20%
4	Auswertung der Ressourcen	20%
5	Erstellen von Rohfassungen für Teile der Arbeit	10%
6	Ausarbeitung der Endfassung	30%
7	Korrektur der Endfassung	10%

Darstellung 6: Vorschlag einer prozentuellen Gewichtung des Gesamtarbeitsaufwandes[30]

[30] Quelle: BMUKK 2013, S. 9

2 Thema und Fragestellung

2.1 Wissenswertes zur Themenfindung

Die Jugendlichen stellen sich folgende Fragen:

Genügt es, einen interessanten Themenbereich zu wählen?
Wie findet und formuliert man ein Thema, das auch genehmigt wird?
Wie formuliert man einen Titel?
Wie wird eine passende Fragestellung entwickelt?
Warum braucht man überhaupt eine Fragestellung?

Vorwissenschaftliche Arbeiten drohen zu scheitern, wenn das **Thema** viel zu allgemein und dadurch auch zu hoch im Anspruch gehalten ist. Vorwissenschaftliche Arbeiten zu Themen wie „Jeanne d'Arc" oder „Hexen und Zauberer" oder gar „Das gesunde Essen" werden kaum in einer annehmbaren Zeit zu bewältigen sein. Somit das Wichtigste gleich vorweg: Themen müssen eingegrenzt weden. Die VWA sollte dem Anspruch, den sie mit dem Thema vorgibt, durch die nachfolgende Bearbeitung auch gerecht werden. Ist das Thema zu allgemein gehalten, kann es leicht passieren, dass Anspruch und nachfolgende Bearbeitung nicht harmonieren. Dazu ein Beispiel: Der Themenbereich könnte in einer ersten Überlegung „Digitale soziale Netzwerke" lauten.

Dieses Thema wird in der vorgesehenen Zeit nicht zu bewältigen sein und darüber hinaus ein Vorhaben signalisieren, das Schülerinnen und Schüler im Rahmen einer Vorwissenschaftlichen Arbeit nicht einlösen können. Es erhebt ja den Anspruch, die digitalen sozialen Netzwerke vollständig darzustellen. Ein derart umfangreiches Thema wirkt nicht nur zu allgemein, sondern auch unglaubwürdig in seinem Anspruch. Viel besser ist es aufzuzeigen, dass nur ein Teil der Thematik bearbeitet wird. Erreicht werden kann dies einerseits durch Konzentration auf ein digitales soziales Netzwerk (zB Facebook) und andererseits kann die Aufhebung des Vollständigkeitsanspruchs durch Präpositionen angezeigt werden, wenn etwa die Vorsilbe „Zu", „Zur" oder „Über" dem Titel der Arbeit vorangestellt wird. Zum Beispiel: „Zu den Chancen und Risiken von Facebook für Jugendliche". Das Thema oder der vorläufige Arbeitstitel erhebt jetzt von seiner Formulierung her keinen Anspruch auf Vollständigkeit. Solche (notwendigen) Einschränkungen können auch mit der Bezeichnung „Aspekte ...". vorgenommen werden. So wird ebenfalls zum Ausdruck gebracht, dass nicht in allumfassender Form der Bereich abgebildet wird, sondern nur ein Teilaspekt. Welcher Teilaspekt analysiert wird, gibt im angeführten Beispiel der Untertitel an: „Eine schriftliche Befragung von Schülerinnen und Schülern des Gymnasiums XY". Durch die Verbindung mit einem **Untertitel** kann die Eingrenzung also noch deutlicher dokumentiert werden und es wird klarer, worüber eigentlich geschrieben wird. Der letztlich gefundene Titel kann (muss aber nicht) durchaus aussagekräftig sein. Der Untertitel soll dann aber unbedingt mehr über Ihre Arbeit aussagen und eventuell die methodische Richtung Ihrer Arbeit andeuten. Die endgültige und korrekte Eingrenzung ergibt sich aus der exakt formulierten Fragestellung.

In einem nächsten Schritt muss daher eine **Fragestellung** formuliert werden, denn nur dadurch ist der wissenschaftliche Anspruch gegeben. Unternehmen Sie den Versuch, Ihre VWA in einer einzigen Frage zu formulieren. Sie werden dabei feststellen, dass damit Ziel und Zweck der Arbeit viel leichter definiert werden können. Das Formulieren[31] einer guten Fragestellung ist ein relativ aufwändiger, aber sehr notwendiger Prozess am Beginn der Erstellung[32] der Vorwissenschaftlichen Arbeit. Die gute Fragestellung zeichnet sich durch eine klare Formulierung aus. Bei der Formulierung der Fragestellung sollten Sie sich also genau überlegen, (1.) wie der Titel lautet, sich also die Ausgangslage vorstellen, (2.) was Sie mit Ihrer Fragestellung beantwortet haben möchten und (3.) welche Möglichkeiten der Beantwortung (Methoden) Sie beherrschen und dazu heranziehen können. Die Fragestellung kann wiederum in Unterfragen unterteilt werden. Die Unterfragen und Unterkapitel tragen gemeinsam dazu bei, die zentrale Fragestellung zu beantworten und liefern Ihnen damit gleichzeitig Ansatzpunkte, welche Informationen Sie zur Beantwortung der verschiedenen Fragen recherchieren müssen.

Es werden in der Regel Fragestellungen aus den Bereichen

1. der **Entdeckung** oder der **Beschreibung** (Was ist der Fall? Wie sieht der Sachverhalt aus?) und
2. der **Begründung** oder der **Erklärung** (Warum ist etwas so? Welche Ursachen ziehen welche Wirkungen nach sich?)
   zur Anwendung kommen.

[31] Das korrekte Formulieren der Fragestellung ist tatsächlich eine schwierige Angelegenheit und erfordert einen angemessenen Aufwand in der Betreuung.

[32] Vgl. Karmasin & Ribing 2007, S. 21

Eher die Ausnahme werden Fragen

3. der **Bewertung**, **Kritik** oder **Evaluation** (Wie ist ein bestimmter Zustand vor dem Hintergrund explizit genannter Kriterien zu bewerten?) und
4. der **Gestaltung** (Wie soll etwas künftig sein? Welche Maßnahmen sind geeignet, um ein bestimmtes Ziel zu erreichen?) sein. Denn diese Kategorien der Fragestellung (3., 4.) sind forschungstechnisch in ihrer Beantwortung schwieriger. Das soll nun nicht heißen, dass Sie sich von einem anspruchsvollen Vorhaben abschrecken lassen sollen. Wenn Sie bereit sind, sich entsprechendes Wissen durch zusätzliches Studium von Fachliteratur, im Besonderen auch durch methodologische[33] Literatur, anzueignen bzw. es zu vertiefen und Sie betreuende Lehrpersonen finden, die Sie fachlich und methodologisch unterstützen, dann wagen Sie doch einfach eine anspruchsvolle Fragestellung. Ihre Motivation wird mit dem Anspruchsniveau steigen, Ihr Erfolg wird ein Gefühl von Zufriedenheit und Stolz auslösen.

Julia und ihre Schulkolleginnen und Schulkollegen treffen sich nach dem Beratungsgespräch mit ihren Professorinnen und Professoren wieder. Katrin ist ganz aufgeregt: „Ich weiß jetzt, wie man ein Thema eingrenzt. Wir dürfen nicht den Fehler machen, die ganze Welt mit unseren kurzen Armen umfassen zu wollen. Wir müssen uns auf eine ganz klar abgegrenzte Problematik konzentrieren."

Anna: „Über das Leben der Jeanne d'Arc"
Lukas: „Über Reaktionen des Auges"
Simon: „Zu Hexen und Zauberern"
Julia: „Bedeutende Aspekte gesunder Ernährung"
Katrin: „Über die Geschlechterrollen in klassischen Märchen"
David: „Zu Andy Warhols künstlerischem Wirken"
Lena: „Über den 14. Dalai Lama"
Sophie: „Über die Wahrnehmung von Menschen"
Alexander: „Zur Form des Flügels von Segelflugzeugen"
Yvonne: „Aspekte der wirtschaftlichen Entwicklung von Bad Ischl"
Matthias: „Über bedrohte Schmetterlingsarten in Südostösterreich"
Karl: „Zur Selbstdarstellung und Netzwerkbildung am Beispiel von StudiVZ"
Jochen: „Zum Nutzen und den Gefahren der automatischen Bilderkennung durch Facebook"
Sabrina: „Facebook gegen Google plus. Wer wird gewinnen?"

Sophie weist alle auf den nächsten Schritt hin: „Wir brauchen eine gute Fragestellung!"

„Ja, es ist immer eine Frage zu stellen, hat meine Professorin gemeint. Denn wissenschaftliches Arbeiten heißt gute Fragen zu stellen und Antworten zu suchen", gibt David zu bedenken. Rasch ist ein Blatt Papier zur Hand und die Runde beginnt ein Brainstorming, in dem sie die Titel ihrer künftigen Arbeiten verfeinern, so manche Untertitel formulieren und alle ihre Fragestellungen entwickeln. Einige in der Runde können mit der Idee wenig anfangen und belassen ihre Titel. Die Schülerinnen und Schüler sind mit ihren Ergebnissen sehr zufrieden. Diese ersten Themenskizzen samt Fragestellungen werden zum nächsten Gespräch mit den Betreuerinnen und Betreuern mitgenommen.

[33] Methodologie: Lehre von den wissenschaftlichen Methoden

2.2 Wesentliche Aspekte für eine gelungene Fragestellung

2.2.1 Über ein Interessensgebiet nachdenken

Das Eingrenzen der möglichen Interessensgebiete und das Nachdenken über Fragestellungen sollten ehebaldigst begonnen werden. Eingrenzen bedeutet auch das Suchen von Materialien, das Auswählen und Verwerfen. Das Nachdenken über ein Interessensgebiet ist mehr als nur im Internet surfen. Das gehört aber zweifellos auch dazu. Zum Beispiel würde man über das Internet an ein Buch von Juan Faerman mit dem Titel „Faceboom. Wie das soziale Netzwerk Facebook unser Leben verändert" gelangen. Solche Unterlagen sollten Sie bestellen (Bibliothek) und studieren, um überprüfen zu können, ob das Thema ergiebig genug ist.

PRESSE BUCHINFO

JUAN FAERMAN
Faceboom
Wie das soziale Netzwerk Facebook unser Leben verändert

Originaltitel: Faceboom. El nuevo fenómeno de masas Facebook
Originalverlag: Ediciones B Argentina

Paperback, Broschur, 160 Seiten, 13,5 x 21,5 cm
ISBN: 978-3-517-08656-9
12,99 | 13,40 | 18,90* (* empf. VK-Preis)
Verlag: Südwest

Erscheinungstermin: 27. September 2010
Dieser Titel ist lieferbar.

Teilen Twittern
Merken Drucken Empfehlen

In den Warenkorb legen

Buchinfo | Cover | Service

FACEBOOM
Wie das soziale Netzwerk Facebook unser Leben verändert

Das Phänomen Facebook

Witzig, einfallsreich und ernsthaft - Faceboom ist ein intelligentes Portrait der Internet-Plattform Facebook mit dem weltweit größten Wachstum und derzeit über 350 Millionen aktiven Nutzern. Juan Faerman analysiert augenzwinkernd die Funktionsmechanismen des beliebten sozialen Netzwerks, das Verhalten seiner User, die radikale Veränderung des Freundschaftskonzepts und der zwischenmenschlichen Beziehungen sowie die Kehrseite der virtuellen Community.

Faceboom liefert neben einer tiefgreifenden Analyse eine ironisch-humorvolle Betrachtungsweise auch viel Lesenswertes über virtuelle Freundschaften, digitale Untiefen und die unbegrenzten Möglichkeiten - und damit unterscheidet es sich wesentlich von anderen, zumeist als Bedienungsanleitung für Facebook dienenden Veröffentlichungen.

Südwest Verlag, München, 2010: Faerman/Faceboom

Darstellung 7: Beispiel eines Screenshots zur Internetrecherche 1

2.2.2 Zur Wahl der Betreuerin/des Betreuers

Generell kann man sagen, dass Betreuerinnen und Betreuer mit einer Zustimmung zögern und große Bedenken haben, wenn jemand kommt und verkündet, über digitale soziale Netzwerke schreiben zu wollen.

Die Wahl der Betreuerin/des Betreuers wird stark davon abhängen, ob sie/er sich für das Thema zuständig fühlt, auch Interesse hat und dieses auch annimmt. Sie sollten sich auch schon im Klaren sein, wie das Thema bearbeitet werden soll. Grob gesagt kann man zwei Typen von Arbeiten unterscheiden:

1. Literaturarbeit (reproduktive Form)
2. empirische Untersuchung (produktive Form)

Eine Literaturarbeit besteht im Grunde genommen aus dem Studieren und dem Vergleichen vieler Artikel, Bücher und anderer Unterlagen. Manche sagen, dies bedeutet, dass man „aus 20 eins" macht (d.h., aus 20 Büchern fertigt man ein „Buch" an). Aber auch eine Literaturarbeit hat eine Fragestellung und einen herzeigbaren Erkenntnisgewinn.

Als empirische Untersuchung wäre beim genannten Beispiel eine schriftliche Befragung der Schülerinnen und Schüler an der eigenen Schule denkbar. Diese Methode zählt zu den quantitativen Forschungsmethoden. Je intensiver Sie sich also im Vorfeld Gedanken gemacht haben, umso eher wird Ihr Thema akzeptiert werden.

2.2.3 Zum Eingrenzen des Themas

Eingrenzen bedeutet, dass Sie den Fokus auf bestimmte Aspekte richten, zB Facebook als ein digitales soziales Netzwerk und die damit verbundenen Vorteile und Nachteile. Gehen wir davon aus, Sie entschließen sich für die Methode „Fragebogen" und interessieren sich für die Chancen, aber auch das Risiko, wenn man auf Facebook ein Profil anlegt.
Thema eingrenzen bedeutet, dass Sie sich im Vorfeld überlegen, welche Fragen Sie stellen möchten. Dann ist es wichtig, zu überlegen, wen Sie befragen wollen. Ist das auch organisatorisch möglich? Wissen Sie, wie ein Fragebogen ausgewertet wird? Gibt es genügend brauchbare Literatur zu Ihrem Thema?

Das Eingrenzen des Themas ist ohne Studium von Unterlagen kaum möglich. Wenn Sie dies nicht machen, erleben Sie vermutlich eine unangenehme Überraschung. Das vielversprechende Thema erweist sich als Belastung, Sie kommen nicht voran und verlieren das Interesse.

2.2.4 Zum Formulieren eines Titels

Die Wahl eines Titels gelingt dann am besten, wenn Sie sich bereits eingelesen haben. Im vorliegenden Fall genügen vielleicht schon Internetrecherchen, um in der Wahl des Titels mehr Sicherheit zu gewinnen.
Im genannten Beispiel könnte die Schülerin selbst Facebook-Userin sein und sich daher für diesen Teilbereich der digitalen sozialen Netzwerke entscheiden. Außerdem weiß sie, dass viele andere Mitschülerinnen und Mitschüler User sind. Oft haben sie auch schon darüber diskutiert, wie praktisch diese rasche Vernetzungsmöglichkeit ist, aber auch darüber, wer auf die Einträge zugreifen kann.

http://www.oreilly.de/catalog/facebk3ger/index.html

Darstellung 8: Beispiel eines Screenshots zur Internetrecherche 2

Der gewählte Titel der VWA könnte „Facebook und Privatsphäre“ lauten. Aber auch „Zu den Chancen und Risiken von Facebook für jugendliche Userinnen und User“ wäre möglich. Zur besseren Dokumentation des geplanten Vorhabens können in manchen Fällen ein Haupttitel und ein Untertitel formuliert werden. Ein Untertitel kann dabei hilfreich sein, über die Fragestellung genauer nachzudenken und das Forschungsfeld noch mehr einzugrenzen. Er sollte nach Möglichkeit einen Hinweis auf die verwendete Methode liefern und das Thema noch deutlicher eingrenzen, zB „Eine Beschreibung ...“, „Eine Befragung ...“, „Eine Analyse ...“, „Eine Fallstudie ...“, „Ein Begründungsversuch“ etc.

Für das Themenbeispiel „Digitale soziale Netzwerke“ könnten Titel und Untertitel folgendermaßen lauten:

Facebook und Privatsphäre
Eine Befragung von Jugendlichen zu Chancen und Risiken durch die Nutzung von digitalen sozialen Netzwerken

Virtualität versus Realität
Theoretische Aspekte der Persönlichkeitsbeeinflussung von Jugendlichen durch die Nutzung digitaler Netzwerke

Oder folgende Titel ohne Untertitel:

Zur geschlechtsspezifischen Nutzung digitaler sozialer Netzwerke durch Gymnasiastinnen und Gymnasiasten am Beispiel Facebook

Digitale Kommunikation 2011
Ägypten, Widerstand und die Macht des Internets

Die passende Fragestellung gibt den Teilbereich der Thematik und die Methode noch genauer an.

2.2.5 Zur Qualität der Fragestellung

Die Fragestellung unterscheidet sich von ähnlichen, bereits geschriebenen Arbeiten, sonst würde die VWA bloß eine Abschreibübung sein, was nicht im Sinne des Zieles liegen kann, obendrein laufen Sie Gefahr, sich u.U. mit „fremden Federn“ zu schmücken. Zu überlegen ist auch, ob die Fragestellung für Sie überhaupt erforschbar ist, d.h., ist sie im Rahmen der Bearbeitung mit den gegebenen und von Ihnen auch zu beherrschenden Möglichkeiten bzw. Methoden beantwortbar.
Benützen Sie keine vagen Formulierungen und überlegen Sie genau, was Untersuchungsgegenstand sein soll und welche Antworten Sie suchen. Die Fragestellung soll bereits Aufschluss darüber geben, welche Daten benötigt werden, um eine korrekte Antwort zu finden.[34]

[34] Vgl. Eco 2010, S. 17 ff.

Eine gute Fragestellung ...

- sollte als „W-Frage" und nicht als Entscheidungsfrage formuliert werden. (Was? Wie? Warum?)
- ist präzise formuliert.
- grenzt das Projekt ein.
- bestimmt die Art der Arbeit (Literaturarbeit oder empirische Arbeit).
- bestimmt das methodische Vorgehen.

Kennzeichen schlechter Fragestellungen

- Die Fragestellung repräsentiert eine unrichtige Vorannahme, ist in sich widersprüchlich oder es handelt sich um eine Scheinfrage (verkleidete Behauptung).
- Die Fragestellung ist so unklar formuliert, dass es keine Antwort geben kann.
- Die Frage kann mit einmaligem Nachschlagen oder Alltagswissen beantwortet werden.
- Zur Formulierung werden unsinnige Worte (Konzepte) verwendet oder es ist sogar eine beeinflussende, tendenziöse Frage.
- Die Fragestellung ist nicht relevant, sie hat keinen Nutzen oder Erkenntnisgewinn für die Schülerin/den Schüler oder ist nicht erforschbar bzw. kann im Rahmen einer VWA nicht beantwortet werden.
- Die Fragestellung ist zu allgemein gehalten, zu hoch im Anspruch bzw. nicht genügend eingegrenzt.

Raum für Notizen

2.3 Checkliste 2 „Fragestellung"

- ☑ **Überlegen Sie sich ein Interessensgebiet**
- ☑ **Suchen Sie ein geeignetes Thema**
- ☑ **Sprechen Sie eine Betreuerin bzw. einen Betreuer an**
- ☑ **Grenzen Sie das Thema ein**
- ☑ **Formulieren Sie einen Titel (und ev. Untertitel)**
- ☑ **Danach Fragestellung** (Kernfragestellung und ev. Unterfragen) **entwickeln**

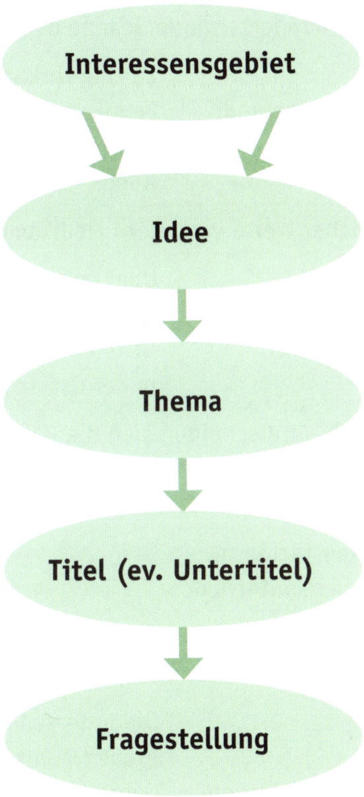

Darstellung 9: Vom Interessensgebiet zur konkreten Fragestellung

Raum für Notizen

2.4 Beispiel 2 „Themen"

Die Themenstellung für die abschließende Arbeit sollte grundsätzlich keinem Unterrichtsgegenstand zugeordnet werden. Die folgenden Beispiele verstehen sich als Vorschläge, zur Hilfestellung wird dennoch ein möglicher Gegenstandsbereich angeführt. Weiters soll hier auch ein didaktischer Weg prozessartig verdeutlicht werden: Von der ersten Idee bis zur konkreten Fragestellung (siehe Darstellung 9).

Gegenstands-bereich	Thema	Titel	Untertitel
RELIGION	Das Frauenbild zur Zeit von Jeanne d'Arc	Über das Frauenbild zur Zeit von Jeanne d'Arc	Eine Analyse des Frauenbildes in kirchlichen Schriften des 15. Jahrhunderts
Fragestellung	Aufgrund welches Frauenbildes in der Kirche der ersten Hälfte des 15. Jahrhunderts wurde Jeanne d'Arc als Ketzerin verurteilt?		
BIOLOGIE UND UMWELTKUNDE	Medikamente und Sinnesorgane	Zur Auswirkung von Medikamenten auf die Biomechanik des Auges	
Fragestellung	In welcher Weise verändern Medikamente die Biomechanik des Auges?		
GESCHICHTE	Hexen und Zauberer im Mittelalter	Über gerichtliche Verfolgungen von Hexen und Zauberern in der Oststeiermark	
Fragestellung	Wodurch unterscheiden sich die Regionen Feldbach und Gröbming bezüglich der gerichtlichen Verfolgung und Verurteilung von Hexen und Zauberern im 14. Jahrhundert?		
BEWEGUNG UND SPORT	Trendsportarten im Bewegungsunterricht	Le Parcour	Beschreibung und Analyse einer jungen Trendsportart
Fragestellung	Welche Grundelemente aus dem Boden- und Geräteturnen lassen sich bei der Trendsportart „Le Parcour" identifizieren?		
DEUTSCH	Klassische Märchen	Die unterschiedlichen Archetypen bei den Gebrüdern Grimm und Hans Christian Andersen	Identifiziert am Beispiel von acht ausgewählten Märchen
Fragestellung	Wie werden die Archetypen in den Märchen der Gebrüder Grimm im Vergleich zu den Märchen von Andersen dargestellt?		
BILDNERISCHE ERZIEHUNG	Zu Andy Warhols künstlerischem Wirken	Andy Warhol, ein Werbefachmann?	
Fragestellung	Welchen Beitrag leistete Andy Warhol zur Kommerzialisierung der Kunst?		
GESCHICHTE, SOZIALKUNDE UND POLITISCHE BILDUNG	Das Vereinswesen in Österreich	Über die Bedeutung von Vereinen im kommunalen Setting	Eine empirische Fallstudie in der Marktgemeinde Grünbach am Schneeberg
Fragestellung	Wie definieren Obleute die Bedeutung der verschiedenen Vereine im Hinblick auf das soziale Zusammenleben?		

Gegenstandsbereich	Thema	Titel	Untertitel
PHILOSOPHISCHER EINFÜHRUNGS-UNTERRICHT	Kulturelle Stereotypien bei der Partnerwahl	Über kulturelle Stereotypien bezüglich der Wahl von Männern als Lebenspartner	Eine mündliche Befragung von Schülerinnen des Gymnasiums XY
Fragestellung	Wie rekonstruieren Schülerinnen des Gymnasiums XY sizilianische Männer im Vergleich zu schwedischen in Bezug auf Partnerschaft?		
PHYSIK	Aerodynamik von Segelflugzeugen	Mit Flügeln ohne Motor himmelwärts	Zur Länge und Form des Flügels von Segelflugzeugen
Fragestellung	Wie verändert die Querschnittsfläche den Auftrieb von Segelflugzeugen?		
GEOGRAPHIE UND WIRTSCHAFTS-KUNDE	Wirtschaft im Salzkammergut des 19. Jahrhunderts	Zur wirtschaftlichen Entwicklung von Salzabbau und Sommerfrische in Bad Ischl im 19. Jahrhundert	Eine Analyse historisch-wirtschaftlicher Daten
Fragestellung	Wie veränderten abnehmender Salzabbau und zunehmender Gesundheitstourismus im 19. Jahrhundert die wirtschaftliche Situation des Ortes Ischl (heute: Stadt Bad Ischl)?		
BIOLOGIE UND UMWELTKUNDE	Aussterben von Schmetterlingen in Südostösterreich	Zum Einfluss des Weinbaus auf die Existenz bestimmter Schmetterlingsarten in Südostösterreich	Ein Begründungsversuch zum Aussterben des Osterluzeifalters
Fragestellung	Welcher Zusammenhang kann zwischen dem Weinbau, der Existenz bestimmter Pflanzen und dem Verschwinden von Schmetterlingen am Beispiel des Osterluzeifalters nachgewiesen werden?		
PSYCHOLOGIE	Komasaufen bei Jugendlichen	Zum Alkoholkonsum von Jugendlichen und ihren Motiven	Eine mündliche Befragung von 14-jährigen Discobesuchern im Bezirk XY
Fragestellung	Welche alkoholischen Getränke und wie viel in welchen Zeiträumen trinken 14-jährige Discobesucher im Bezirk XY?		
GESCHICHTE, SOZIALKUNDE UND POLITISCHE BILDUNG	Digitale soziale Netzwerke	Zu den Chancen und Risiken von Facebook für Jugendliche	Eine schriftliche Befragung von Schülerinnen und Schülern des Gymnasiums XY
Fragestellung	Welche Bedeutung messen Schülerinnen und Schüler des Gymnasiums XY sozialen Netzwerken wie Facebook im Hinblick auf Nutzungs- und Gefahrenpotenziale bei?		

Darstellung 10: Themen – Beispiele

2.5 Üben 2

Nun geht es los!

Legen Sie ein Thema für Ihre VWA fest und grenzen Sie dieses ein. Wählen Sie einen Titel sowie eventuell einen Untertitel und formulieren Sie eine Fragestellung.

Name:

Betreuerin / Betreuer:

Eingegrenztes Thema:

Haupttitel:

Untertitel (eventuell):

Fragestellung(en):

Thema:

Digitale soziale Netzwerke

Titel:

Zu den Chancen und Risiken von Facebook für Jugendliche

Untertitel:

Eine schriftliche Befragung von Schülerinnen und Schülern des Gymnasiums XY

Zentrale Fragestellung:

Welche Bedeutung messen Schülerinnen und Schüler des Gymnasiums XY sozialen Netzwerken wie Facebook im Hinblick auf Nutzungs- und Gefahrenpotenziale bei?

Unterfragen:

Welche wirtschaftlichen und sozialen Bedeutungen haben digitale soziale Netzwerke?
Welche Beitrittsmotive haben Jugendliche?
Welche Bedeutung messen Jugendliche Facebook und Co im Hinblick auf Datenfreigabe bei?
Wie schützen sie ihre Privatsphäre?

Für diese Vorwissenschaftliche Arbeit werden ungefähr 50 Schülerinnen und Schüler des Gymnasiums XY mit einem Fragebogen bezüglich ihrer Beitrittsmotive und Nutzung digitaler Netzwerke befragt. Weiters werden Ängste vor Verlust der Privatsphäre einerseits und auch die Bereitschaft zum Darstellen im Allgemeinen im Netz erfasst.

2.6 TOP FIVE 2

1. Legen Sie das Interessensgebiet fest und recherchieren Sie mindestens drei pdf-Files mit Angabe der Autorin/des Autors! Legen Sie diese ersten Quellen in einem eigenen Verzeichnis auf dem PC ab!

2. Studieren Sie diese Artikel und formulieren Sie erste Fragestellungen! Legen Sie diese Freundinnen und Freunden zum Diskutieren vor! Verteidigen Sie Ihre ersten Fragen nicht! Hören Sie nur zu! Verwerfen Sie auch Fragen! Formulieren Sie die Fragen neu! Das schärft das Bewusstsein für eine gute Fragestellung!

3. Legen Sie sich ein Tagebuch/Logbuch über die Fragestellungen und Diskussionsergebnisse zu den Fragestellungen an! Beginnen Sie das Thema einzugrenzen!

4. Legen Sie einen informierenden Haupttitel fest! Formulieren Sie – falls nötig – einen Untertitel mit Hinweis auf Ihre verwendete Methode! Geben Sie die ausgefüllte Übungsseite 2 in Ihre Mappe.

5. Sprechen Sie erst dann mit Ihrer Betreuerin/Ihrem Betreuer! Dann haben Sie sich die ersten Bonuspunkte verdient! Nichts ist für Betreuerinnen und Betreuer schlimmer als Rat- und Hilflose, zB: „Sagen Sie mir, was ich schreiben könnte!"

3.1 Wissenswertes zur Recherche

Die Jugendlichen stellen sich folgende Fragen:

Was sind wissenschaftliche Quellen?
Wie und wo findet man passende Literatur?
Dürfen Texte aus dem Internet übernommen werden?
Wie zitiert man richtig?

3.1.1 Wissenschaftliche Quellen

Nachdem Sie Ihr Thema gefunden und Ihre Fragestellung entwickelt haben, sollten Sie ein System in Ihre Literaturrecherche und Datensammlung bringen. Die Berücksichtigung und Verarbeitung von wissenschaftlichen Quellen bei der Erstellung Ihrer Vorwissenschaftlichen Arbeit stellt ein wesentliches Kriterium dar. Unbewiesene Behauptungen sind nicht Zeichen kritischen Denkens, sondern ungenauen Arbeitens. Es gibt viele Quellen, die wissenschaftliche Inhalte haben können (siehe Darstellung 11). Sie brauchen diese Quellen zur Anknüpfung an bereits existierendes Wissen und zur Einbindung Ihrer Arbeit in den wissenschaftlichen Diskurs.

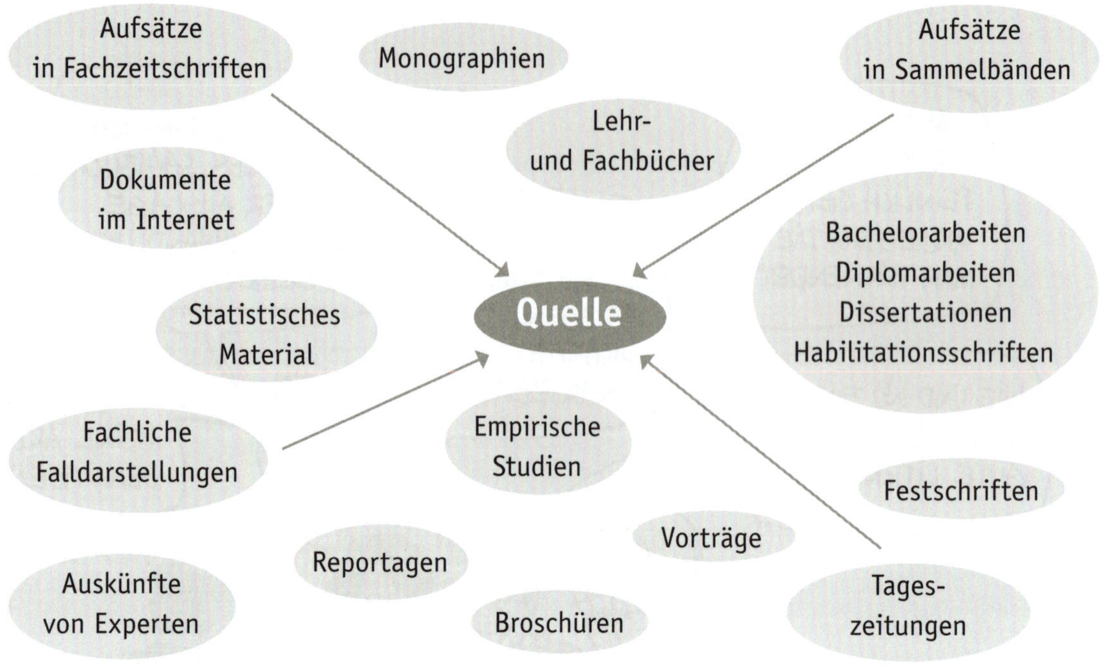

Darstellung 11: Quellen, die wissenschaftliche Inhalte enthalten können[35]

„Gut, jetzt wissen wir, was alles wissenschaftliche Quellen sein können. Aber wo finden wir solche Quellen? In unserer Schulbibliothek werden wir nicht alles finden, was wir brauchen", meint David. – Lena entgegnet: „Wir können doch unsere Professorinnen und Professoren nach Literatur fragen." – „Und wenn die nicht weiterwissen, an wen wenden wir uns dann?", fragt Sabrina.

Sie können auch kompetente Ratgeber zu Ihrem Interessensgebiet befragen (siehe Checkliste 3a, Seite 39).

Benützen Sie zum Einlesen in Ihr Thema zunächst einmal ältere (ruhig auch alte) Hand-, Lehr- und Fachbücher sowie Lexika. Erst danach sollten Sie, wenn Sie genau wissen, was Sie wollen und was Sie suchen, gezielt in Bibliotheken und dem Internet auf Literatursuche gehen. Ältere Hand-, Lehr- und Fachbücher bieten zudem den entscheidenden Vorteil, dass sie oft auch in schuleigenen Bibliotheken lagernd sind und somit auch relativ rasch zum Einlesen zur Verfügung stehen. Im Hinblick auf effizientes Arbeiten kann Ihnen diese Vorgangsweise helfen, die Zeiten, in denen Sie auf neue (aktuelle) Literatur warten, sinnvoll zu überbrücken und gleichzeitig erste Informationen zu Ihrem Thema einzuholen. Arbeiten Sie nach dem Schneeballsystem: In guten Büchern findet man im Literaturverzeichnis weitere verwertbare Quellen.

Wissenschaftliche Theorien

Im Allgemeinen entwirft eine wissenschaftliche Theorie ein Modell (Bild) der Realität. Sie bezieht sich dabei auf einen spezifischen Ausschnitt der Realität und enthält in der Regel beschreibende (deskriptive) und erklärende (kausale) Aussagen über diesen Teil der Realität. Auf dieser Grundlage werden Vorhersagen und Handlungsempfehlungen abgeleitet. Jeder Theorie liegen mehr oder weniger deutlich ausformulierte Annahmen (Paradigmen, Prämissen) zugrunde. Theorien sind oft mit dem Anspruch verknüpft, sie durch Beobachtungen

[35] Vgl. Karmasin & Ribing 2007, S. 69

(empirische Methoden) prüfen zu können. Theorien werden auf Grundlage wissenschaftlicher Denk- und Arbeitsweisen entwickelt. Das sind solche, in denen Wissen absichtlich und systematisch (nach bestimmten Regeln) erzeugt wird.

Grundsätzlich geht es in der Wissenschaft darum, die Komplexität der Realität in Theorien verständlich darzustellen. Das kann mit unterschiedlichen Methoden der Erkenntnisgewinnung erreicht werden. Daher haben sich im Laufe der Zeit verschiedene Forschungsmethoden etabliert, mit denen Wissenschaft zu ihrem Wissen kommt. Je nach erkenntnisleitendem Interesse kann es angeraten sein, (1) erkannte Phänomene, das Wesen von Sachverhalten zu beschreiben (Phänomenologie), (2) Bedeutungen von Lebenswirklichkeiten herauszuarbeiten, um Sachverhalte zu verstehen (Hermeneutik), (3) unterschiedliche Thesen und Positionen zu diskutieren, um Widersprüche aufzuheben oder weiterzuentwickeln (Dialektik) oder beobachtete Sachverhalte modellhaft und allgemeingültig darzustellen (Empirie). Bei der Modellbildung aufgrund von empirischen Daten können einerseits (4) mathematische Modelle entwickelt werden (graphische und tabellarische Darstellungen von Zahlen), dann spricht man von quantitativ-empirischen Methoden oder andererseits (5) von qualitativ-empirischen Methoden, wenn die Sachverhalte ausschließlich textlich aufgearbeitet werden.

„Das ist ja alles einleuchtend, zugleich aber auch ganz schön verwirrend", gibt sich Lukas nachdenklich. „Gibt es eigentlich die eine Forschungsmethode, mit der in der Wissenschaft geforscht wird?", fragt Julia. Sofort antwortet Sabrina: „Nein, es gibt verschiedene Forschungsmethoden. Das hab ich aus dem Fernsehen, in der eine Diskussionsrunde zur Finanzierung von Forschung gelaufen ist."

Forschungsarbeiten

Zu wissenschaftlichen Forschungsarbeiten lassen sich bezüglich des methodischen Vorgehens Unterscheidungskriterien nennen, die wiederum zu unterschiedlichen Qualitätskriterien führen. Grundsätzlich kann im Forschungsprozess zwischen eminenzbasierten und evidenzbasierten Forschungsarbeiten unterschieden werden. Eminenzbasierte oder auch theoriebasierte Forschung genannt, ist solche, in denen Forscherinnen und Forscher („Eminenzen" der Forschung) auf Grundlage von existierenden Theorien weitere Theorien entwickeln. Evidenzbasierte Forschungen stützen sich auf empirisch (erfahrungswissenschaftlich) erhobene Daten, die ausgewertet, interpretiert und in Theorien dargestellt werden. Verschiedentlich wird einer langen Tradition folgend noch immer zwischen geisteswissenschaftlichen und naturwissenschaftlichen Forschungsarbeiten unterschieden, wobei geisteswissenschaftliche den zuvor eminenzbasierten Forschungsmethoden zugeordnet werden können und die naturwissenschaftlichen Forschungen den evidenzbasierten. Eine verständliche Charakterisierung der Unterscheidung dieser zwei grundsätzlichen Forschungsmethoden stammt von Wilhelm Dilthey (1833–1911): Die Natur erklären wir, das Seelenleben verstehen wir. Erklären meint in diesem Zusammenhang den Ursache-Wirkungs-Zusammenhang, was Ursache für eine bestimmte Wirkung ist. Verstehen zielt als Forschungsmethode der Hermeneutik auf die Auslegung oder Interpretation der Lebenswirklichkeit in der Zeit (Vergangenheit – Gegenwart – Zukunft) ab. Es geht in diesem Fall um Zuschreibungen von Bedeutungs- und Sinnhorizonten, wie sie sich im zeitlichen Verlauf entwickeln oder verändern und mit denen ein Verstehen der Wirklichkeit möglich ist.

Empirische Methoden

Bei reproduktiven Arbeiten werden die Antworten auf die Fragestellungen aus bereits vorliegenden Wissensbeständen (analysierendes Literaturstudium) herausgearbeitet. Hingegen werden empirische Methoden den produktiven Arbeiten zugeordnet. Das Prinzip bei empirischen Methoden besteht im Sammeln und Auswerten (Deuten) von Daten. Daten können einerseits quantitativer Art sein, dann bestehen sie aus Messdaten (Zahlen), oder andererseits qualitativer Art, dann liegen sie als Texte vor. Somit sind auch Interviews und Beobachtungen qualitativer Natur, wenn sie in transkribierter (verschriftlichter) Form vorliegen. Unterscheidbar sind auch reaktive von non-reaktiven Datenerhebungsverfahren. Bei den reaktiven Verfahren werden die Daten von den forschenden Personen selbst erzeugt, womit die Datenerzeugung beeinflusst wird (Fragebogenerhebung, Experiment, Testung etc.). Bei den non-reaktiven Verfahren wird auf Daten zurückgegriffen, die bereits vorhanden und nur noch auszuwerten sind. Das Datenmaterial ist also ohne Zutun der forschenden Personen zustande gekommen (vorhandene Archivdaten, Artefakte, Bilder, Texte, Statistiken).

Quantitativ-empirische Methoden

Forscher, die sich quantitativ-empirischer Methoden bedienen, wollen Sachverhalte messen, nicht direkt Messbares messbar machen und die gemessenen Daten (Zahlen) in geeigneter Art und Weise graphisch und tabellarisch darstellen (Statistiken). Zusätzlich werden diese Daten noch textlich beschrieben und interpretiert. Es geht hier zumeist um eine mathematische Modellbildung, um allgemeine Aussagen im Sinne von „Je ... desto" oder „Wenn ... dann". Ziele sind allgemeine Gültigkeit und mathematische Modellierung. Die quantitativ-empirischen Methoden arbeiten mit großen Datenmengen und Stichproben. Erhebungsinstrumente sind vorwiegend Fragebogen, Experiment und Testung. Großer Wert wird bei den quantitativen Methoden auf die Gütekriterien solcher Forschungen gelegt. Diese sind:

- Objektivität: Die Objektivität von Fragen oder Messverfahren ist gegeben, wenn die Antworten bzw. Messwerte unabhängig von den forschenden bzw. untersuchenden Personen sind.
- Reliabilität: Die Reliabilität ist die Zuverlässigkeit einer Messung, d.h., die Angabe, ob ein Messergebnis bei einem erneuten Versuch bzw. einer erneuten Befragung unter den gleichen Umständen zu den gleichen Ergebnissen führt.
- Validität: Die Validität gibt die Eignung eines Messverfahrens oder einer Frage bezüglich ihrer Zielsetzung an. Eine Messung oder Befragung ist valide, wenn die erhobenen Werte geeignete Kennzahlen für die zu untersuchende Fragestellung liefern.

Qualitativ-empirische Methoden

Mit qualitativ-empirischen Methoden werden beobachtete Sachverhalte textlich formuliert. Es geht vorwiegend um das Herausarbeiten des Invarianten, also jener Besonderheiten, die unabhängig von den untersuchten Personen oder Situationen sind. Ziel ist oftmals das Typische, das Besondere herauszuarbeiten und darzustellen, wobei das Verstehen im Vordergrund steht. Die qualitativ-empirischen Methoden arbeiten mit sehr kleinen Datenmengen und Fallzahlen. Erhebungsinstrumente sind vorwiegend offene Interviews, Beobachtungen und Artefakte (menschlich Hervorgebrachtes).

Qualitative Forschungsmethoden gelten aufgrund ihres offenen Charakters als subjektiv, sodass Validitäts- und Reliabilitätsüberprüfungen nach dem üblichen Muster der empirischen

Sozialforschung als eher schwierig oder gar unmöglich eingeschätzt werden. Die mit Objektivität und Reliabilität verbundenen Zielvorstellungen von quantifizierender Vergleichbarkeit und Standardisierung stehen im Gegensatz zur qualitativen Forschungslogik, in der eine Reduktion zu statistischen Analysezwecken nicht akzeptiert wird. Als Gütekriterium kann Intersubjektivität genannt werden. Sie ist gegeben, wenn ein Sachverhalt für mehrere Betrachter gleichermaßen erkennbar und nachvollziehbar ist.

„Ganz schön anspruchsvoll, diese vielen Wege, wie Wissenschaft zu Wissen kommt", stöhnt Sabrina. Alexander meint ungeduldig: „Ihr redet so toll von allen möglichen Ratgebern. Aber wisst ihr, wo man alles findet, wirklich alles? Im Internet! Das ist die Lösung!" – „Aber auch viel Unseriöses, viel Unsinn ist dabei", entgegnet Julia. „Ich denke dabei nicht an irgendwelche Seiten, sondern an Seiten von Bibliotheken oder Datenbanken. Nur weiß ich nicht genau, ob das geht und wie man da recherchiert." Simon hat eine Idee: „Das ist kein Problem. Mein großer Bruder studiert an der Universität. Den kann ich ja mal fragen, ob Buchrecherchen in Bibliotheken über das Internet möglich sind."

3.1.2 Quellen im Internet

Gab es bis vor wenigen Jahren nur begrenzte technische Möglichkeiten, Literatur zu einem Thema zu recherchieren, so hat sich diese Situation heute völlig geändert. Im Zeitalter des Internets gelangen Sie rasch, billig und einfach zu viel Information. In Online-Datenbanken finden Sie eine integrierte Ansammlung von Daten, die allen Benutzerinnen und Benutzern eines Anwendungsbereiches als gemeinsame Basis aktueller Information dient.

In Zukunft ist damit zu rechnen, dass sämtliche akademische Zweckschriften wie Bachelor-, Diplom-, Masterarbeiten, Dissertationen etc. nicht nur mit ihrer Vollanzeige, sondern auch in ihrem Volltext via Internet abrufbar sein werden. Viele wissenschaftliche Vorträge, Aufsätze, Lexika sind heute schon in Online-Datenbanken gespeichert, einige davon sogar als Volltextdokument (siehe Linkliste im Anhang).

Österreichischer Bibliothekenverbund

Der Österreichische Bibliothekenverbund ist der größte nationale Verbund universitärer, wissenschaftlicher und administrativer Bibliotheken des Landes. Aktiv nehmen rund 80 Bibliotheken von 65 Trägerinstitutionen durch Online-Katalogisierung an diesem Verbund teil, darunter die Österreichische Nationalbibliothek sowie alle bundesstaatlichen Universitätsbibliotheken. Zeitschriftenbestände sowie Buchbestände aus einem früheren Gesamtkatalog von weiteren 310 Einrichtungen werden nachgewiesen. Seit März 2011 ist die Suchmaschine des Österreichischen Bibliothekenverbundes online, die allmählich den alten Verbundkatalog ablösen wird.

Entlehnen von Büchern und Zeitschriften

Grundsätzlich ist es für Studierende und Lehrpersonen – jedoch nicht für Schülerinnen und Schüler – möglich, aus den Beständen öffentlicher Bibliotheken Bücher und Zeitschriftenbände zu entlehnen. Allerdings unterscheiden sich die Entlehnbedingungen der einzelnen Bibliotheken. Es gibt Präsenzbibliotheken, wo die Bände nicht entlehnbar sind, ebenso wie Entlehnbibliotheken, an denen Bücher bis zu acht Wochen lang ausgeborgt werden dürfen. Sie als Schülerinnen bzw. Schüler haben aber die Möglichkeit, Bücher vor Ort zu studieren

und Teile davon zu kopieren. Fragen Sie Ihre Professorinnen oder Professoren, vielleicht können sie Ihnen bei der Literaturbeschaffung behilflich sein.

Elektronische Datenbanken

Datenbanken können ebenfalls zur Literatursuche herangezogen werden. Sie dienen vor allem der Katalogisierung von Artikeln in Fachzeitschriften, von Konferenz- und Tagungsberichten. Viele der Datenbanken und Websites können Sie direkt und anonym von zu Hause aus nutzen, einige jedoch nur innerhalb des Netzwerkes der jeweiligen Bibliothek bzw. Universität.

Fernleihe

Überdies können Sie Literatur auch per Fernleihe bestellen. Die Fernleihe beschafft Bücher aus Bibliotheken außerhalb Ihrer Bibliothek, die von Ihnen dann an Ihrer Bibliothek abgeholt werden können. Sie kann in Anspruch genommen werden, wenn die benötigte Literatur an Ihrer Bibliothek nicht vorhanden ist. Das Ausleihen ist grundsätzlich kostenpflichtig, zumeist werden nur die Portokosten verrechnet. Allerdings beschränkt sich der internationale Fernleiheverkehr derzeit auf Europa. Auch hier könnten Sie Ihre Professorinnen oder Professoren unterstützen.

„Heute bin ich schon drei Stunden vor dem Computer gesessen und habe kein einziges Buch gefunden, das ich für meine Arbeit brauchen kann", klagt Katrin. „Ja, ich hab auch schon probiert, Bücher im Internet zu suchen. Fehlschlag!", pflichtet Alexander ihr bei. „Ich weiß, dass es geht, aber nicht, wie es geht." Sabrina hat eine rettende Idee: „Fragen wir doch unseren Professor, ob er uns im Informatikunterricht zeigt, wie man Quellen recherchiert." – „Hervorragende Idee!", stimmt Felix ihr zu, „das machen wir gleich morgen."

Raum für Notizen

3.1.3 Checkliste 3a „WO?“

Ratgeber für die Literaturrecherche

- **Internet**
  Unüberschaubar sind die Informationen im Internet. Zur ersten Orientierung sind gute Suchmaschinen (zB Google, Yahoo, Bing, Ask.com) und Metasuchmaschinen (zB WebCrawler, MetaGer, dogpile, ixquick) empfehlenswert. Über Links können Sie sich in die Tiefe Ihrer Thematik vorarbeiten. Die Problematik ist jedoch, die Seriosität von Informationen aus dem Internet zu bewerten. Für eine Anfangsrecherche helfen Ihnen möglicherweise „Google“, „Google-Scholar“ oder „Wikipedia“. In weiterer Folge sollten Sie die Websites von Bibliotheken kontaktieren und dort in den elektronischen Katalogen recherchieren (siehe Linkliste im Anhang). Ohne die Hilfe Ihrer betreuenden Lehrperson werden Sie die Seriosität von Quellen sehr schwer abschätzen können. Scheuen Sie sich nicht, Rat einzuholen.

- **Institutionen und Organisationen**
  Sie können sich bei Medien (u.U. gebührenpflichtig), Ministerien, Kammern, Interessenvertretungen (Personalvertretungen, Betriebsräten, Gewerkschaften), Vereinen etc. zu Ihrem Thema informieren. Zu vielen berufsspezifischen Themenbereichen besitzen diese Institutionen und Organisationen Literaturlisten, vielfach auch eine fachspezifische Bibliothek, die Sie u.U. – nach Voranmeldung – aufsuchen können.

- **Informationsstellen in den Bibliotheken**
  Eine wahre Fundgrube sind die Universitätsbibliotheken, Fachhochschulbibliotheken und die Nationalbibliothek. Bibliotheken verfügen über Informationsstellen, die mit den Fragen suchender Schülerinnen und Schüler vertraut sind.

- **Literaturverzeichnisse**
  Die Literaturverzeichnisse von Diplomarbeiten, Dissertationen, Lehr- und Sachbüchern, aber auch Fachzeitschriften bieten wertvolle Hinweise zur gesuchten Literatur.

- **Bibliographien**
  Bibliographien sind „Bücher über Bücher“, enthalten vorhandene Literatur zu bestimmten Themenbereichen und geben einen raschen Überblick. Bibliographien sind heute durch sogenannte CD-ROM- bzw. in der Weiterentwicklung durch Online-Datenbanken ersetzt.

- **Nachschlagwerke**
  Nachschlagwerke (Lexika, Enzyklopädien) nennen zu bestimmten Stichworten häufig auch die Literatur.

- **Expertinnen und Experten aus dem fachlichen Berufsfeld**
  Personen aus dem Fachbereich oder andere kompetente Persönlichkeiten können befragt werden. Gespräche mit Expertinnen und Experten lohnen sich erst, wenn Sie sich in Ihr Thema eingelesen haben und ganz genau wissen, was Sie wollen.

- **Gebrauchtliteratur**
  Aktuelle Literatur ist zu sehr günstigen Preisen mitunter in diversen Buchläden erhältlich. Ebenso lässt sich manches Schnäppchen im Internet erwerben.

3.1.4 Beispiel 3a „Recherche“

Steigen Sie mit Ihrem Internetprogramm (Browser) ins Internet ein und suchen Sie die Seite des Österreichischen Bibliothekenverbundes auf unter seiner Internetadresse (URL) http://www.obvsg.at/ (siehe Darstellung 12). Der Gesamtkatalog weist ca. 9 Mio. Titel mit über 16 Mio. Exemplaren sowie 0,7 Mio. Zeitschriftenbestandsangaben nach (Stand: Jänner 2013). Klicken Sie in der linken Menüleiste auf den Link *Kataloge* (siehe Pfeil in Darstellung 12) und im erscheinenden Untermenü auf *Verbundkataloge*.

Darstellung 12: Homepage des Österreichischen Bibliothekenverbundes

Es werden Ihnen sechs Suchmöglichkeiten angeboten, wobei wir Ihnen für eine erste Recherche die Suchmaschine des Österreichischen Bibliothekenverbundes empfehlen (siehe Pfeil in Darstellung 13).

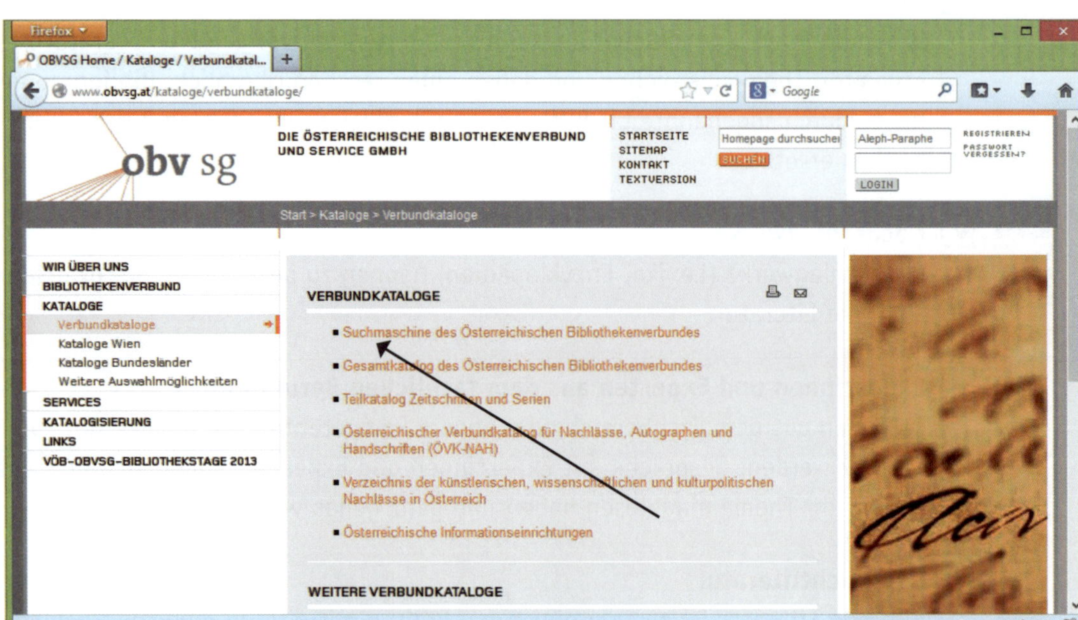

Darstellung 13: Verbundkataloge des Österreichischen Bibliothekenverbundes

Wenn Sie im folgenden Suchfeld den Begriff *soziale netzwerke* (Groß-/Kleinschreibung ist nicht relevant) eintippen (siehe Pfeil in Darstellung 14) und mit Enter bestätigen, erhalten Sie 3.509 Treffer-Ergebnisse[36], wobei die ersten 10 Treffer nach Relevanz sortiert angezeigt werden (siehe Darstellung 15).

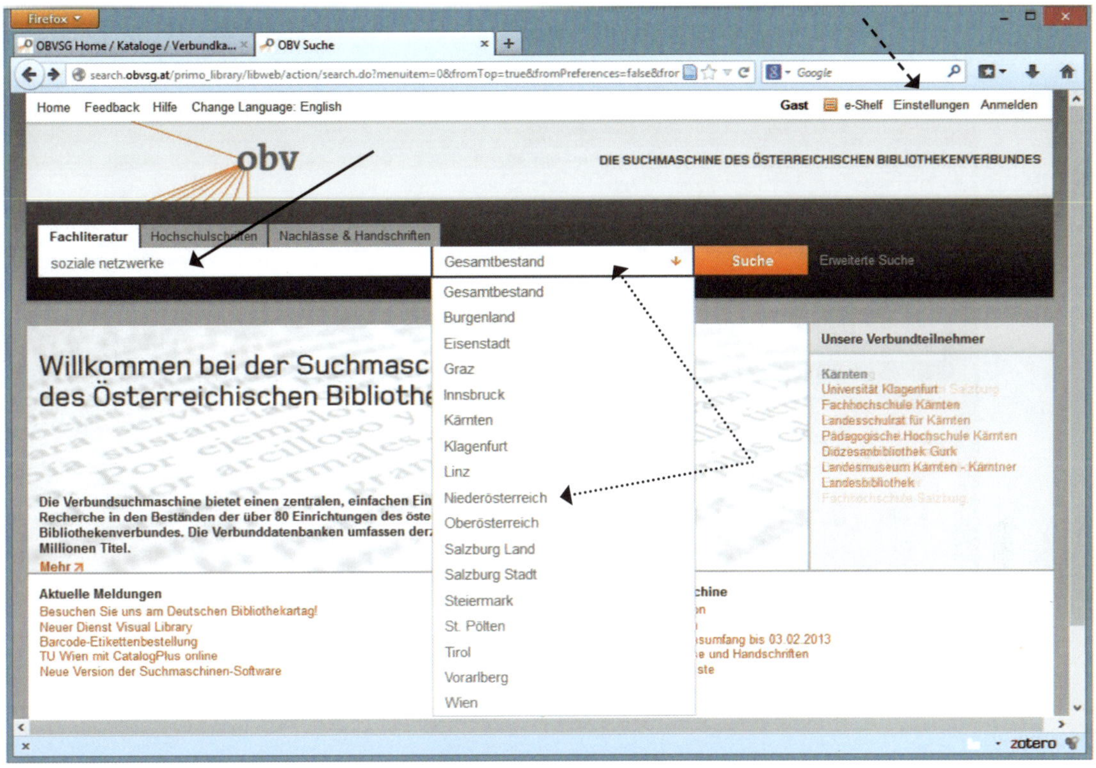

Darstellung 14: Suchfeld – Schnellsuche im Österreichischen Bibliothekenverbund

Die Anzahl der angezeigten Treffer pro Seite können Sie über *Einstellungen* (siehe strichlierter Pfeil in Darstellung 14) festlegen. Sie können Ihre Suche auch regional beschränken (siehe punktierte Pfeile in Darstellung 14). Mit der Schaltfläche *Vor* bzw. *Zurück* am rechten unteren Rand der Suchmaske können Sie die nächsten bzw. vorigen 10 Treffer einsehen (siehe Pfeil in Darstellung 15). Die Sortierfolge lässt sich über den kleinen nach unten weisenden Pfeil ändern (siehe strichlierter Pfeil in Darstellung 15).

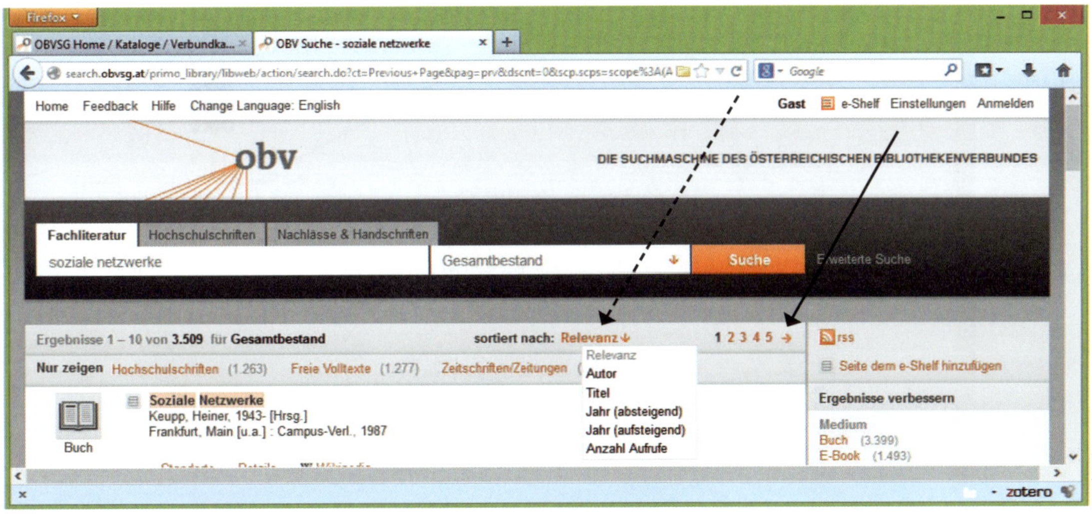

Darstellung 15: Sortierreihenfolge im Österreichischen Bibliothekenverbund

[36]Datum der Recherchen: 4. November 2013

Das Schlagwort *facebook* ergibt beispielsweise 1.680 Treffer, das Schlagwort *privatheit* ergibt 1.008 Treffer. Bei den Recherchen sollten Sie jedoch die Anzahl der Treffer durch weitere Schlagworte (Kombination von Schlagworten) so eingrenzen, dass Sie nicht mehr als 15 bis 25 Treffer erhalten. Jede größere Anzahl werden Sie nur schwer bewältigen, da das Durcharbeiten unübersichtlich wird. Grenzen Sie die Anzahl der Treffer durch die Kombination der drei Schlagworte *facebook schutz privatheit* ein. Sie erhalten 23 Treffer (siehe Darstellung 16).

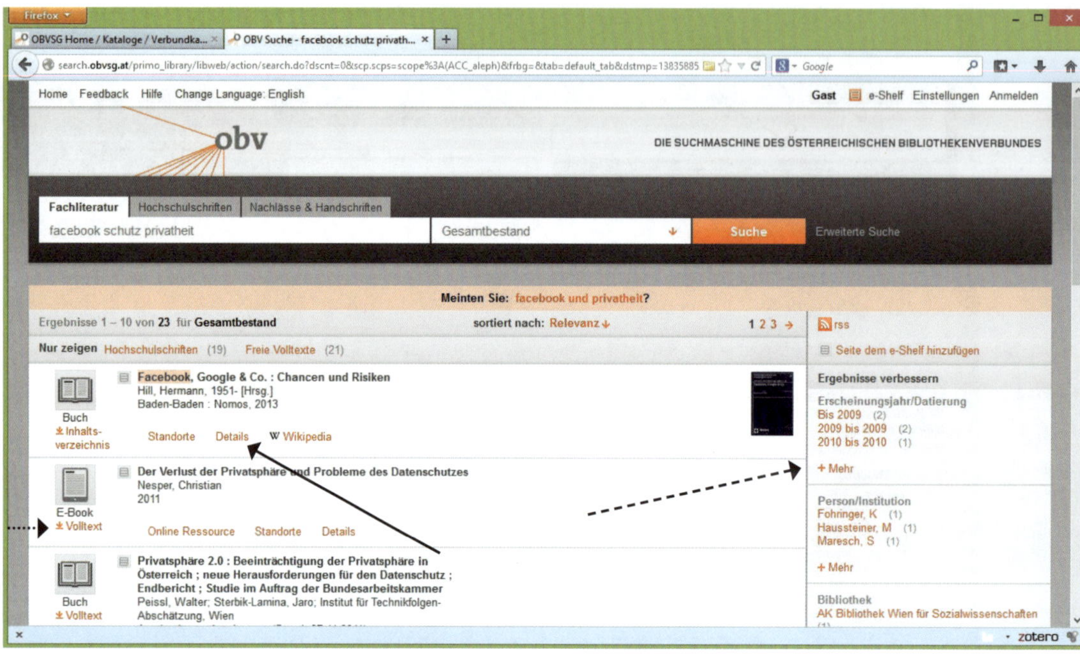

Darstellung 16: Ergebnisse zu den Schlagworten *facebook schutz privatheit*

Weitere Eingrenzungen können Sie durch die Filtervorschläge an der rechten Seite des Suchfensters vornehmen (siehe strichlierter Pfeil in Darstellung 16). Bei der Sortierung nach dem Jahr (absteigend) wird Ihnen als erstes Werk das Buch von Hermann Hill mit dem Titel *Facebook, Google & Co.: Chancen und Risiken* aus dem Jahr 2013 angezeigt. Nähere bibliographische Angaben zum Werk erhalten Sie durch Klicken auf *Details* (siehe Pfeil in Darstellung 16).

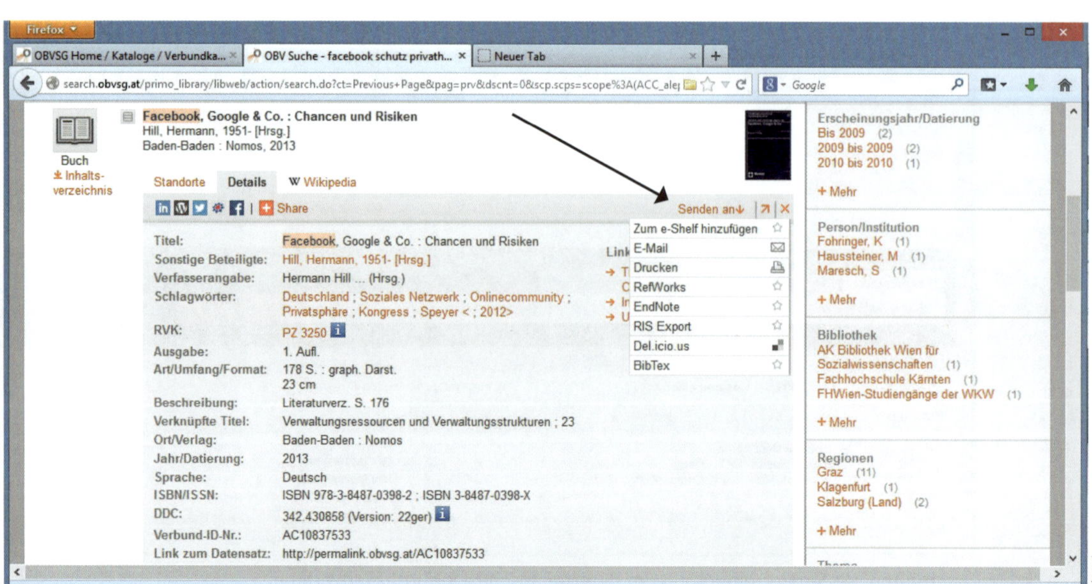

Darstellung 17: Bibliographische Angaben anzeigen und ausdrucken

Diese Vollanzeige der bibliographischen Angaben kann über *Senden an/Drucken* (siehe Pfeil in Darstellung 17) ausgedruckt werden.
Von manchen Literaturen kann man bereits den Volltext im pdf-Format downloaden (siehe punktierter Pfeil in Darstellung 16), auf dem PC speichern und bei Bedarf ausdrucken.
Zu jedem Werk können Sie der Anzeige unter *Standorte* entnehmen (siehe Pfeil in Darstellung 18), wo es katalogisiert ist. Das Buch *Facebook, Google & Co.: Chancen und Risiken* von Hermann Hill befindet sich u. a. in der Universitätsbibliothek Wien (siehe strichlierter Pfeil in Darstellung 18).

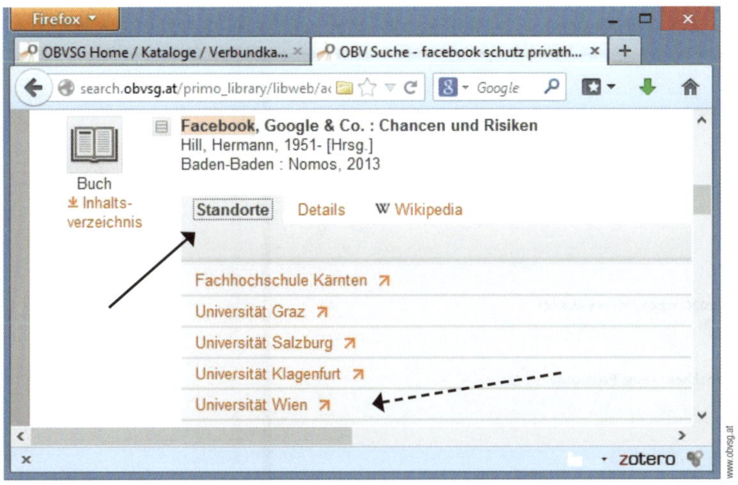

Darstellung 18: Bestandsangaben zu einem bestimmten Werk

Auf der nun angezeigten Website der Universitätsbibliothek Wien sehen Sie, dass sich das gesuchte Werk in der *Fachbibliothek Rechtswissenschaften* befindet (siehe Pfeil in Darstellung 19). Die Registerkarte *Bibliotheken* zeigt die Verfügbarkeit an (siehe strichlierter Pfeil in Darstellung 19).

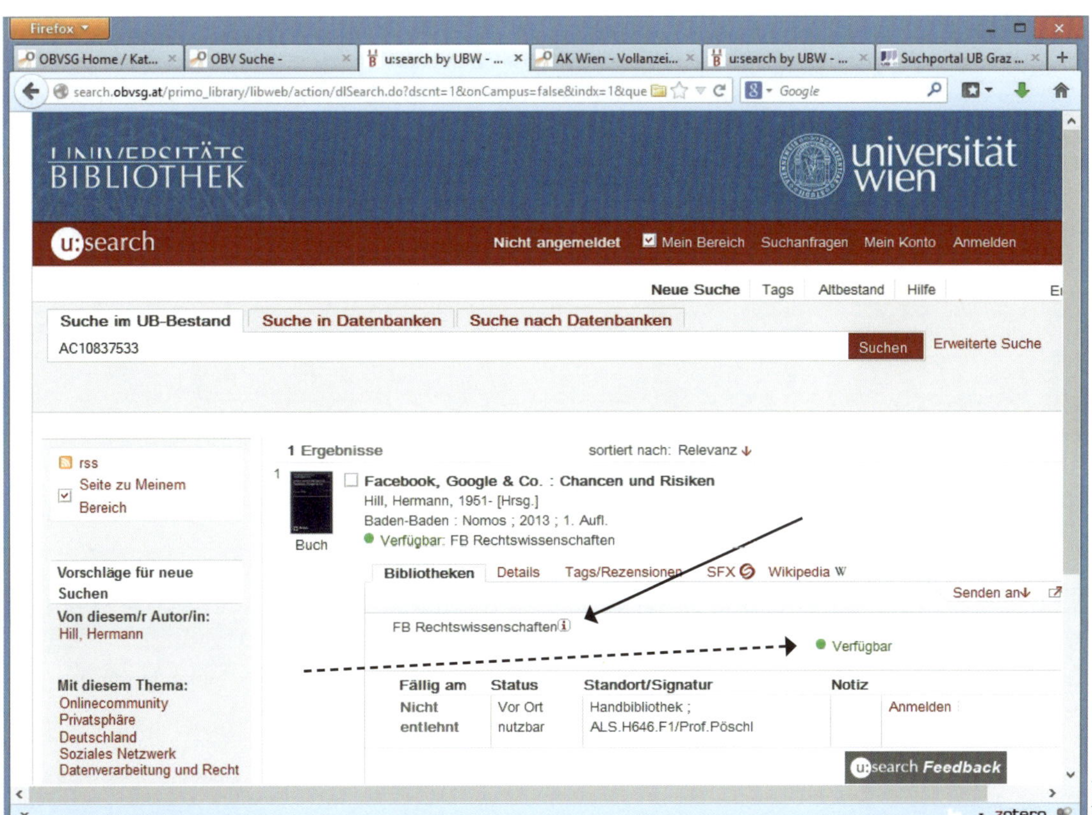

Darstellung 19: Vollanzeige eines Suchtreffers

Ein Klick auf den Link zur Fachbibliothek Publizistik und Kommunikationswissenschaft listet Ihnen die Bestandsangaben zu dem Werk auf.
Sie sehen, dass dieses Buch in der *Handbibliothek* steht, *nicht entlehnt* ist und nur *vor Ort nutzbar* ist, also nicht entlehnt werden kann. Das Inhaltsverzeichnis (siehe Darstellung 20) können Sie sich auf der Registerkarte *Details* über den Link *Inhaltsverzeichnis* anzeigen lassen.

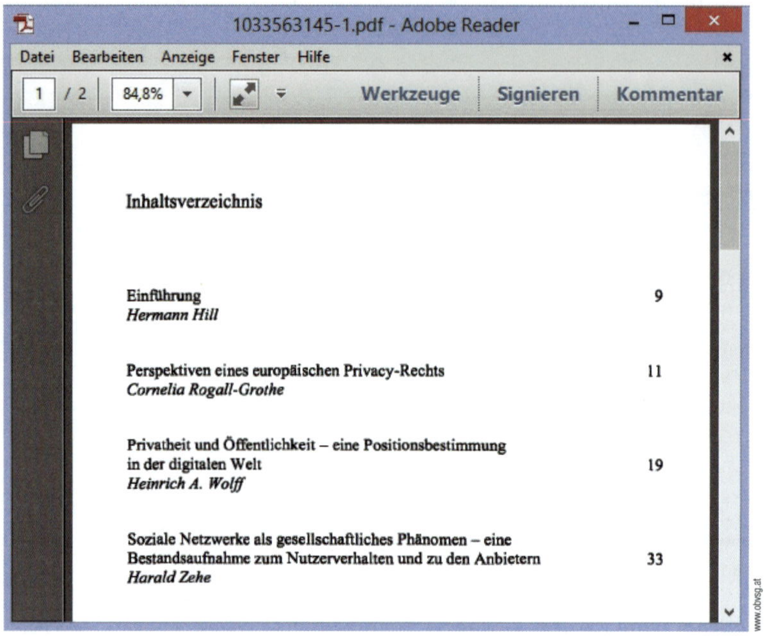

Darstellung 20: Inhaltsverzeichnis anzeigen lassen

Raum für Notizen

„Das ist ja echt cool", freut sich Lukas. „Ja, da können wir ganz bequem von der Schule oder von zuhause aus unsere Bücher auswählen. Und wenn wir unseren Lehrer fragen, ob er mit seinem Entlehnausweis für uns die Bücher auch noch bestellt, dann hätten wir alles beisammen", ereifert sich Julia. Simon pflichtet ihr bei: „Genau, dann brauchen wir die Arbeit nur noch zu schreiben."

3.2 Arten von Quellen

Quellen aus erster Hand sind Argumentationen, Behauptungen, Belege und Beweise, die sich auf eine Autorin bzw. einen Autor zurückführen lassen, die diese bzw. dieser nicht zitiert hat und sich daher in seinem persönlichen Eigentum befinden (auch Primärquelle bzw. Originalausgabe genannt)[37]. Dazu zählen beispielsweise auch Urkunden, Statistiken und Gedichte. Quellen aus zweiter Hand (zB wissenschaftliche Abhandlungen, Rezensionen von Romanen etc.) greifen immer auf die Originalausgabe zurück. Quellen aus dritter Hand stammen hingegen von Autorinnen und Autoren, die ihrerseits auf Quellen zweiter Hand zurückgreifen.
Unternehmen Sie nie den Versuch, eine Primärquelle zu zitieren, von der bekannt ist, dass Sie auf diese nicht mehr ohne weiteres Zugriff haben können.
Wissenschaftliche Quellen können auch nach der Art ihrer Veröffentlichung in gedruckter Form unterschieden werden. Demzufolge wären der Primärliteratur Monographien, Lehrbücher, Aufsätze in Fachjournalen und in Sammelbänden, Habilitationsschriften und Dissertationen zuzurechnen.

„Primärquelle? Sekundärquelle? Was gibt es denn alles für Quellen?", fragt Anna. „Darf man alle Quellen verwenden, die man gefunden hat, oder gibt es da Einschränkungen?", ergänzt David. „Soviel ich weiß, sollte man darauf achten, dass man wissenschaftliche Arbeiten verwendet und auch solche, die inhaltlich relevant sind." – „Und wie weiß ich, ob diese Bedingungen erfüllt sind?" – „Keine Ahnung. Ich denke, das sollten wir unsere Professorin fragen."

Die Primärliteratur ist in aller Regel in einem Verlag publiziert worden und in Bibliotheken einsehbar. Zur Sekundärliteratur zählen auch Lexika und Enzyklopädien, Zeitschriftenartikel und Kommentare zu Originalen. Tertiärquellen stellen sehr unsichere Quellen dar, weil sie aus Zitaten bestehen, die ihrerseits wieder aus Zitaten zusammengesetzt sind. Der Bereich der **„Grauen Literatur"** – darunter versteht man Quellen, die inhaltlich nicht einwandfrei nachvollziehbar sind – umfasst Skripten, unveröffentlichte Manuskripte, Broschüren, Flugblätter, Werbematerialien, Plakate, Funk und Fernsehen etc. Die meisten Informationen aus dem Internet sind ebenfalls der „Grauen Literatur" zuzuordnen. Eine Verwendung zur Beweisführung Ihrer Argumentation darf nur nach strenger Überprüfung der Seriosität und Wissenschaftlichkeit erfolgen.
In logischer Konsequenz können daher Zitate aus der „Grauen Literatur" nur als Ergänzung oder zur Illustration verwendet werden, niemals jedoch zur Beweisführung Ihrer Argumentation. Wann ist nun eine verwendete Literatur wissenschaftlich, richtig oder inhaltlich relevant? Entscheidend ist dabei nicht unbedingt der Bekanntheitsgrad der Autorin bzw. des Autors oder der Herausgeberin bzw. des Herausgebers eines Werkes. Wir empfehlen Ihnen, bei Unsicherheit diese Fragen mit Ihren betreuenden Lehrpersonen abzuklären. Es gibt jedoch einige Anhaltspunkte, die auf Wissenschaftlichkeit hinweisen.

[37] Vgl. Eco 2003, S. 70–74

Unterschiede wissenschaftlicher zu nicht-wissenschaftlichen Quellen

Die Beurteilung von Literatur stellt sicherlich eines der schwierigsten Kapitel für Sie als Schülerinnen und Schüler dar. Ohne die Hilfe und Unterstützung Ihrer betreuenden Lehrpersonen werden Sie zumindest in der Anfangsphase nur sehr schwer die wissenschaftliche Seriosität von Quellen beurteilen können. Diese Kompetenz zu entwickeln braucht einerseits viel methodologisches Wissen (wie Wissenschaft zu Erkenntnissen kommt) und andererseits auch Erfahrungswissen (durch vergleichendes Analysieren vieler wissenschaftlicher und auch populärwissenschaftlicher Literaturen). Die hier genannten Kriterien erheben keinen Anspruch auf Vollständigkeit, können aber als erste Orientierung zur Identifikation wissenschaftlicher Arbeiten betrachtet werden.
In wissenschaftlichen Quellen wird der aktuelle Forschungsstand (State of the Art) angeführt bzw. zusammenfassend wiedergegeben. Das bedeutet, dass das Erscheinungsjahr der Quelle bereits einen Hinweis auf die Aktualität der Erkenntnisse liefert. Behauptungen sind stets begründet, die Begründungen belegt, also mit anderer wissenschaftlicher Literatur gestützt. Es werden mehrere wissenschaftliche Quellen verarbeitet, indem sie vergleichend gegenübergestellt und diskutiert werden. Die Literaturverarbeitung geschieht integrativ, d.h., es wird nicht über längere Strecken nur aus jeweils einem Werk zitiert. Die verwendeten Quellen sind vollständig aufgelistet und weisen ausreichende Angaben auf, sodass sich Interessierte die Quellen besorgen können.
Die verwendeten Fachbegriffe sind ausreichend geklärt, indem sie genau definiert sind, und werden in der Quelle stringent (durchgehend, schlüssig) verwendet. Ein einmal definierter Fachbegriff wird nicht wegen des möglichen Vorwurfes von Wortwiederholungen mal so und mal anders umschrieben, sondern stets in derselben Diktion verwendet.
Die Argumentationen zur Belegung der Behauptungen, Thesen und theoretischen Ansätze sind widerspruchsfrei und folgen den Gesetzen der Logik. Die Beweisführungen sind genau und zuverlässig (reliabel), d.h., sie führen im wiederholten Fall zu den gleichen Ergebnissen bzw. Erkenntnissen. Wissenschaftliche Arbeiten müssen auch das Kriterium der Gültigkeit (Validität) erfüllen, d.h., sie müssen genau jene Ergebnisse und Erkenntnisse liefern, die in der Zielsetzung festgelegt waren und zentrales Thema sind.

3.2.1 Checkliste 3b „WELCHE?"

☑ **Primärquelle**
Wann immer es möglich ist, sollte auf die Primärquelle zurückgegriffen werden.

☑ **Sekundärquelle**
Wenn der Zugriff nicht (mehr) möglich ist (u.U. muss damit auch gerechnet werden), kann die Sekundärquelle herangezogen werden. Zuweilen werden in Sekundärquellen anspruchsvoll verfasste Originaltexte aus Primärquellen verständlich erläutert.

☑ **Tertiärquellen**
Auf Tertiärquellen sollte, wenn möglich, verzichtet werden, da sie meist eine sehr unsichere Angelegenheit darstellen und aus Zitaten bestehen, die ihrerseits wieder aus Zitaten zusammengesetzt sind.

☑ **„Graue Literatur"**
„Graue Literatur", wie Skripten, Broschüren, Werbematerialien, viele Internetinformationen etc., sind unzuverlässige Quellen und dürfen zur Beweisführung oder als Belege oder Argumentationsgrundlagen nicht verwendet werden.

3.2.2 Checkliste 3c „WIE?“

Richtige Literaturrecherche

☑ **Anhaltspunkte für wissenschaftliche Arbeiten**

- Korrekte Zitation
- Ausführliche Quellenangaben
- Wissenschaftlichkeit in der Argumentation (Zuverlässigkeit, Gültigkeit, Widerspruchsfreiheit, Genauigkeit)
- Korrekt in der Empirie (Objektivität/Intersubjektivität, Reliabilität, Validität)

☑ **Anhaltspunkte für inhaltlich relevante Arbeiten**

- Anerkannter Verlag
- Angabe anerkannter Quellen
- Artikel in Sammelbänden namhafter Herausgeberinnen und Herausgeber
- Journalbeiträge
- Geleitworte anerkannter Wissenschaftlerinnen und Wissenschaftler

☑ **Fragen zur Beurteilung eines Fachbuches**

- Wer ist die Autorin/der Autor?
- Wird von der Autorin/vom Autor in diesem Fachbuch eine bestimmte Richtung vertreten?
- Wen zitiert die Autorin/der Autor?
- Wie alt ist das Buch?
- Repräsentiert dieses Werk überwiegend eine Primärquelle? Baut es auf eigenen Untersuchungen auf?
- Zitiert dieses Werk vorwiegend Primärquellen oder vermehrt Sekundärquellen oder gar keine?
- Wenn dieses Werk vornehmlich Sekundärquellen zitiert[38], ist es (bzw. die Autorin oder der Autor) vertrauenswürdig?
- Handelt es sich um ein Werk mit mehreren Auflagen? Sind die Auflagen erweitert, überarbeitet? Wie alt ist die letzte Auflage?[39]
- Ist das Buch wissenschaftlich oder praktisch orientiert?

☑ **Zusätzliche Kriterien zur Beurteilung einer Internetressource**

- Sorgfalt der Aufbereitung
- Autorinnenschaft/Autorenschaft
- Quellenangaben zur weiteren Lektüre
- Sprach- und Schreibrichtigkeit

Raum für Notizen

[38] Ein Werk repräsentiert aus vielerlei Gründen so gut wie nie ausschließlich eine Primärquelle. Vielmehr ist es so, dass in einem Werk sowohl Primär- als auch Sekundärquellen und letztendlich auch Tertiärquellen nachweisbar sind.

[39] Letzteres spricht dafür, dass es sich um ein viel gelesenes Werk handelt.

Wissenschaftliche und populärwissenschaftliche Texte können anhand folgender Kriterien unterschieden werden[40]:

wissenschaftliche Texte	populärwissenschaftliche Texte
auf die Wissenschaft (Scientific Community[41]) ausgerichteter Diskurs, um zu weiteren Erkenntnissen, zu weiterem Wissen zu kommen, um bessere Theorien zu entwickeln, um Sachverhalte besser erklären, beschreiben und verstehen zu können	auf die Praxis ausgerichteter Diskurs, um Handlungsanleitungen und -alternativen anzubieten, um besseres Handeln zu ermöglichen
komplexere Sprache, konsequente Definition von Fachbegriffen und deren stringente (schlüssige, nachvollziehbare, durchgehende, lückenlose) Verwendung	einfachere, verständlichere Sprache
längere Artikel	kürzere Artikel
sparsam eingesetzte Graphiken (Darstellung von Modellen, von empirischen Ergebnissen)	reichhaltig illustrierte Graphiken
sachliche Argumentationslinien	Gebrauch von Steigerungsformen; Checklisten zum Abarbeiten
hohe Anzahl und Qualität der zitierten Literaturquellen	gering ausgeprägter Belegzwang
Fokus auf Erkenntnisgewinn, auf Vergrößerung der Wissensbestände	Fokus auf Lösung praktischer Probleme mit hoher Aktualität
Theorien werden umfassend dargestellt und begründet	Anforderungen an Darstellungen von Theorien sind in der Regel weniger streng
Dokumentation empirischer Studien auf Basis weitgehend festgelegter methodischer Standards wie Objektivität/Intersubjektivität, Reliabilität, Validität	Die methodischen Anforderungen sind in der Regel weniger rigoros. Es dominieren Erfahrungsberichte aus aktuellen Praxisprojekten.
Es geht vorrangig um Erkenntnisgewinn in Form von **Entdeckungszusammenhang:** Wie stellt sich ein Sachverhalt dar? **Begründungszusammenhang:** Warum ist ein Sachverhalt so und nicht anders? **Erklärungszusammenhang:** Was sind Ursachen für welche Wirkungen? **Verwertungszusammenhang:** Wie können die Erkenntnisse öffentlich werden und in die Praxis einfließen?	Es wird tendenziell mehr Wert auf die Nützlichkeit der Konzepte gelegt. Die Artikel münden häufig in konkrete Lösungsvorschläge für Entscheidungsträgerinnen/Entscheidungsträger in der Praxis, die in Form von Praxistipps oder Materialien präsentiert werden.

Darstellung 21: Textsortenkriterien

[40] Vgl. Röbken 2006, 258 f.
[41] Wissenschaftsgemeinde

„Jetzt weiß ich, worauf ich bei der Beurteilung von Literatur achten muss", meint Sabrina. „Wenn man mal weiß, dass das korrekte Zitieren ein bedeutendes Kriterium für Wissenschaftlichkeit ist, tut man sich schon viel leichter", pflichtet ihr Lukas bei. „Nicht zu vergessen die Namen von Herausgeber und Verlag, die auch sehr viel aussagen", ergänzt Katrin. Alexander endet mit der Feststellung: „Endgültig werde ich die Quelle aber erst beurteilen können, wenn ich mich in das Thema vertieft habe, schon mehrere Informationsquellen studiert und verglichen und die Schlüssigkeit der Argumentationen überprüft habe."

3.3 Angabe von Quellen

„Welche Literatur muss man ins Literaturverzeichnis aufnehmen? Nur die, aus der man Texte entnommen hat, oder auch solche, die man nur gelesen hat?", fragt Lukas. Julia ergänzt: „Muss man beim Angeben der Literatur eine bestimmte Systematik einhalten oder kann man das formlos machen? Soviel ich weiß, gibt es dazu feste Regeln. Aber ich hab keine Ahnung, welche das sind. Ich denke, auf alle Fälle muss der Titel des Buches dort stehen und auch, wer es geschrieben hat." „Und sonst nichts?", mischt sich Simon ein. „Morgen kann ich euch das genau sagen, ich werde meinem Bruder fragen", verabschiedet sich Lena.

Im Literaturverzeichnis wird lückenlos jede Literatur (Quelle) im Vollbeleg angegeben, die Sie tatsächlich zur Erstellung Ihrer Arbeit verwendet haben. Jede Quellenangabe im Text muss im Literaturverzeichnis aufgeführt sein. Eine Ausnahme bildet die so genannte „Graue Literatur", diese wird ausschließlich in der Fußzeile im Vollbeleg angegeben. Literatur, die sie nicht zitiert haben (direkt oder indirekt), hat im Literaturverzeichnis nichts verloren. Das Literaturverzeichnis ist ohne Unterteilung in Bücher, Zeitschriften oder Internetquellen alphabetisch (und dann chronologisch aufsteigend) zu ordnen. Wenn von gleichen Autorinnen und Autoren Literaturen aus demselben Jahr vorliegen, werden der Jahresangabe Kleinbuchstaben angehängt (2011a, 2011b, 2011c).
In der Literatur zum wissenschaftlichen Arbeiten werden die Zitierregeln variantenreich dargestellt und auch kontroversiell diskutiert. Die Autorinnen und Autoren führen aus ihrer Perspektive unterschiedlich gewichtete Gründe für die von ihnen bevorzugte Form an.[42] Egal, für welche Variante Sie sich in Absprache mit Ihren betreuenden Lehrpersonen bzw. den an Ihrer Schule geltenden Regeln entscheiden, eine einmal gewählte Form sollte konsequent in der gesamten Arbeit beibehalten werden.
In den nachfolgenden Ausführungen lehnen wir uns an den Standard der American Psychological Association (APA) in der neuesten Fassung (APA Publication Manual, 6th Edition 2009) an. Er wird vorwiegend in naturwissenschaftlichen Disziplinen (Scientific Style) angewendet, ist aber in den geisteswissenschaftlichen Disziplinen auch zu beobachten. Aus Gründen der Übersichtlichkeit sind nicht alle Fälle und Beispiele, die im APA Publication Manual angeführt werden, hier erläutert, sondern nur die wesentlichen Konventionen. In Zweifelsfällen sollte daher das APA Publication Manual bzw. die dazugehörige Internetseite (www.apastyle.org) zur Klärung herangezogen werden.

---

[42] Zur Variantendiskussion und zu kritischen Bemerkungen siehe Theisen 1993, S. 179–194; Rossig & Prätsch 2006, S. 124, 131; Brink 2005, 208–223; Bänsch 2003, S. 44–51

Der APA Style ist so wie der ebenfalls sehr verbreitete Harvard Style ein Autor-Jahr-System (beim Quellenverweis), unterscheidet sich aber beispielsweise darin, dass im Literaturverzeichnis nur zitierte Quellen angegeben werden, während beim Harvard Style im Literaturverzeichnis auch nicht zitierte Quellen gefordert werden. Weitere Besonderheiten des APA Style sind beispielsweise: (1) Erscheinungsjahr und Auflage werden in Klammern angegeben, (2) vor dem letzten von mehreren Namen wird das Zeichen „&" gesetzt, (3) Titel (Buch, Sammelwerk, Journal) werden kursiv oder unterstrichen formatiert und nur vor Sammelwerken steht „In", (4) bei Video-Materialien steht nach dem Jahr in eckiger Klammer „[Video]" und (5) die Auflage wird in Klammern gesetzt, jedoch die Journal-Ausgabe-Nr. nicht[43].

Literaturverwaltungsprogramme

Literaturverwaltungsprogramme oder auch Referenzmanager sind Computerprogramme, die bei der Erstellung (vor-)wissenschaftlicher Publikationen helfen, den Überblick über die verwendete Literatur zu behalten und recherchierte Literaturbestände zu verwalten. Sie sind in der Lage, Daten aus Online-Literaturdatenbanken zu importieren und die gesammelten Titeleinträge als Literaturverzeichnis in unterschiedlichen Zitationsstilen auszugeben. Moderne Literaturverwaltungsprogramme wie Zotero, Citavi oder EndNote können häufig in Textverarbeitungsprogramme (zB Word, Open Office) integriert werden, sodass eine Referenz- bzw. Literaturliste automatisch in einem passenden Format generiert werden kann und die Gefahr des Fehlens von zitierten Quellen in der Referenzliste verringert wird. Wir empfehlen Ihnen die Verwendung solcher Hilfsprogramme. Einführende Details zur Verwendung der Freeware Zotero finden Sie unter Punkt 3.5 „Arbeiten mit Literaturverwaltungssoftware".

3.3.1 Beispiel 3b „Literaturen in Papierform"

Die folgenden Beispiele sollen als Vorschläge betrachtet werden, die sich in der praktischen Arbeit mit Studierenden bewährt haben. Empfohlen werden eine Abklärung mit der betreuenden Lehrperson und die strikte Einhaltung der schuleigenen Vorgaben zur Literaturangabe.

Literaturangabe von Büchern

NACHNAME, Vorname(n) (Erscheinungsjahr): *Titel. Untertitel* (ggf. Auflage). Verlagsort: Verlag

FAERMAN, Juan (2010): *faceboom. Wie das soziale Netzwerk Facebook unser Leben verändert.* München: Südwest Verlag

HUGGER, Kai-Uwe (Hrsg.) (2010): *Digitale Jugendkulturen.* Wiesbaden: Verlag für Sozialwissenschaften

SCHMIDT, Jan-Hinrik, PAUS-HASEBRINK, Ingrid, HASEBRINK, Uwe (Hrsg.) (2011): *Heranwachsen mit dem Social Web. Zur Rolle von Web 2.0-Angeboten im Alltag von Jugendlichen und jungen Erwachsenen.* Düsseldorf: Vistas Verlag

Literaturangabe von Beiträgen in Büchern (Sammelbänden)

NACHNAME, Vorname(n) (Erscheinungsjahr): Titel. Untertitel. In: Herausgeber (Hrsg.): *Titel des Sammelbandes* (Seitenzahlen). Verlagsort: Verlag

NOLLMANN, Gerd (2008): Klassen. In: Nina BAUR, Hermann KORTE, Martina LÖW, Markus SCHROER (Hrsg.): *Handbuch Soziologie* (S. 183–201). Wiesbaden: Verlag für Sozialwissenschaften

[43] Vgl. Rossig & Prätsch 2006, S. 118 f.

Westmeyer, Hans (2006): Wissenschaftstheoretische und erkenntnistheoretische Grundlagen. In: Franz Petermann, Michael Eid (Hrsg.): *Handbuch der Psychologischen Diagnostik* (S. 35–46). Göttingen: Hogrefe

Winter, Rainer (2009): Cultural Studies. In: Georg Kneer, Markus Schroer (Hrsg.): *Handbuch Soziologische Theorien* (S. 67–86). Wiesbaden: Verlag für Sozialwissenschaften

Literaturangaben von Zeitschriften mit Jahrgangs-/Bandpaginierung

Nachname, Vorname (Erscheinungsjahr): Titel. *Name der Zeitschrift*, Jahrgang, Seitenangaben

Büchner, Robert, Büchner, Regine, Lengemann, Reinhard (2010): Schule für körperbehinderte Kinder in der DDR. Geschichte aus der Schulleiterperspektive. *Zeitschrift für Heilpädagogik*, 61, S. 342–350

Friedrich, Gerhard (2010): Mathematik und Bewegung. Zahlen Schritt für Schritt entdecken und erforschen auf dem Zahlenweg. *Praxis der Psychomotorik*, 35, S. 140–144

Gniewosz, Burkhard (2010): Die Konstruktion des akademischen Selbstkonzeptes. *Zeitschrift für Entwicklungspsychologie und Pädagogische Psychologie*, 42, S. 123–132

Literaturangaben von Zeitschriften mit heftweiser Paginierung

Nachname, Vorname (Erscheinungsjahr): Titel. *Name der Zeitschrift*, Jahrgang (Heft), Seitenangaben

Just, Peter (2009): Bevölkerungspolitik in Thailand. *Praxis Geographie*, 40 (9), S. 44–48

Kirschner, Peter (2010): Gold wird im Kopf gewonnen. *Bewegungserziehung*, 64 (4), S. 21–25

Walper, Sabine, Köller, Olaf, Lewalter, Doris, Spangler, Gottfried (2010): Die Bindungen von Kindern. *Psychologie in Erziehung und Unterricht*, 57, S. 21–29

Literaturangaben von Themenheften von Zeitschriften

Nachname, Vorname (Erscheinungsjahr): Titel [Themenheft]. *Name der Zeitschrift*, Jahrgang (Heft)

Dale, Philip (2008): The Bilingual Child [Themenheft]. *Journal of Child Language*, 35 (3)

Huisman, Martin (2009): Reisen [Themenheft]. *Unterricht Biologie*, 33 (5)

Kirchner, Constanze, Kirschenmann, Johannes (Hrsg.) (2009): Orientierung im Kunstpädagogischen Handeln [Themenheft]. *Kunst + Unterricht*, 62 (334/335)

Literaturangaben von Forschungsberichten und Dissertationen

Nachname, Vorname(n) (Erscheinungsjahr): *Titel. Untertitel* (ggf. Reihe). Ort: Hochschule, ggf. Institut

Buchegger, Anita (2009): *Evaluierung Elternteilzeit. Die Sichtweisen von Eltern, Unternehmen und ExpertInnen zur Neuregelung der Elternteilzeit*, Forschungsbericht, ÖIF Wien

Christodoulidou, Melina (2004): *Legasthenikerbetreuung – eine pädagogische Verpflichtung am Beispiel der griechischsprachigen Grundschulen Nikosias (Zypern)*. Wien: Universität Wien, Dissertation an der Fakultät für Human- und Sozialwissenschaft

Wocken, Hans (2005): *Andere Länder, andere Schüler. Vergleichende Untersuchungen von Förderschülern in den Bundesländern Brandenburg, Hamburg und Niedersachsen*. Potsdam: Forschungsbericht

Angaben von (unveröffentlichten) Vorträgen und Konferenzberichten

Berger, Doris (2007): Retailovation. How to create a true customer experience for all senses. In: Nigel Hemmington (Hrsg.): *Extraordinary Experience Conference*, 2.–4. September in Bournemouth. Eigenverlag. S. 30–31

Deiser, Roland (2010, März): *Designing the Smart Organization*. Vortrag an der Hauptuniversität Innsbruck

Samac, Klaus (2000, September): *Management in Schule und Wirtschaft*. In: Leopold Franzens Universität Innsbruck (Hrsg.): Internationale Tagung Qualitätssicherung und Qualitätsentwicklung in der Lehrer/innen/bildung. Abstracts. Innsbruck. S. 4 f.

Angaben von Gesetzen und Verordnungen

Allgemeines Bürgerliches Gesetzbuch 1812: Österreichisches Bundesgesetz vom 01.01.1812. JGS Nr. 970/1846

Datenschutzgesetz (DSG) 2000: Österreichischer Gesetzestext, Erläuterungen zur Regierungsvorlage, Ausschussbericht sowie EG-Datenschutz-Richtlinie. BGBl. Nr. 165/1999

Schulunterrichtsgesetz 1986 – SchUG: Österreichisches Bundesgesetz vom 19. März 1986, mit dem das Schulunterrichtsgesetz geändert wird (4. Schulunterrichtsgesetz-Novelle). BGBl. Nr. 211/1986. 83. Stück

Angaben von Lexika, Enzyklopädien u.Ä.

Brockhaus (2006): *Enzyklopädie in dreißig Bänden.* Band 5 (21., völlig neu bearbeitete Auflage). Leipzig: Brockhaus

Gabler Kompakt-Lexikon Wirtschaft (2001): *2.700 Begriffe nachschlagen, verstehen, anwenden* (8., vollständig überarbeitete und erweiterte Auflage). Wiesbaden: Gabler

Lexikon der Biologie (1999): *Lexikon der Biologie in fünfzehn Bänden.* Band 2. Heidelberg: Spektrum

„Alles klar!", meint Lukas. „Die Literatur muss so viele Angaben enthalten, dass man sie sich in einer Buchhandlung oder einer Bibliothek besorgen kann." „Zusätzlich müssen die Angaben einem bestimmten Stil entsprechen, damit sie einheitlich sind", ergänzt Katrin. Und Sabrina stellt fest: „Ich werde den APA Style verwenden."

3.3.2 Angabe von Internetquellen

„Ja, das leuchtet ein", gibt sich Julia zufrieden, „Jetzt weiß ich, wann eine Literatur wissenschaftlich ist und wann nicht und ich kann auch Primärquellen erkennen. Aber wie ist das beim Internet? Da gibt es oft keinen Autor. Meist weiß man gar nicht, wer die Texte verfasst hat. Darf ich solche Texte verwenden?", wirft Alexander ein. David meint: „Ich denke schon." „Das glaube ich aber nicht, dass du solche Texte verwenden darfst. Soviel ich weiß, muss man immer einen Autor hinschreiben, wenn man eine Quelle angibt. Wenn im Internet kein Autor dabei steht, geht das ja gar nicht", entgegnet Katrin.

Neben den vielen Vorteilen, die das Internet als Quelle bietet, weist es noch nicht ausreichend Sicherheit auf, wie das bei gedruckten Büchern und Zeitschriften der Fall ist. Sie müssen, wenn Sie Dokumente aus dem Internet zitieren, diese auch in Ihrer Vorwissenschaftlichen Arbeit kennzeichnen. Versucht man nun, auf die von Ihnen zitierte Seite zuzu-

greifen, kann es passieren, dass die angegebene Seite nicht mehr auffindbar ist, verändert wurde oder kein Verweis auf eine neue Adresse vorhanden ist. Eine Lösung dieses Problems gibt es noch nicht. Sie müssen vorläufig die Seriosität des Anbieters eines Dokumentes im Internet selbst abschätzen[44]. Um dennoch eine intersubjektive Überprüfung Ihrer Argumentation zu gewährleisten, möchten daher manche Betreuerinnen bzw. Betreuer, dass Sie die Ausdrucke Ihrer zitierten Internetseiten im Anhang der Bachelorarbeit miteinbinden.

3.3.3 Problem der Zitierfähigkeit

„Und wie schaut das jetzt tatsächlich mit Internetquellen aus?", gibt sich Julia nachdenklich. „Da gilt sicherlich dieselbe Systematik", wirft Lukas ein. „Das kann gar nicht sein, weil dort ja kein Ort angegeben ist", erwidert Simon. Lena mit nachdenklicher Stimme: „Und das mit der Jahreszahl ist dann wahrscheinlich auch ein Problem. Nur Probleme, Probleme, Probleme ..."

Zitierfähig sind Internetquellen nur dann, wenn die Autorinnen/Autoren oder Herausgeberinnen/Herausgeber angegeben sind. Websites der User-Enzyklopädie „Wikipedia" oder ähnliche Websites sind wegen fehlender Kontrollierbarkeit der wissenschaftlichen Seriosität nur bedingt zitierfähig. Oftmals werden sie der „Grauen Literatur" zugeordnet. Eine Verwendung in Ihrer Arbeit sollten Sie unbedingt mit Ihren betreuenden Lehrpersonen klären.
Das Heranziehen von Internet-Online-Quellen sollte wegen der Schnelllebigkeit des Mediums mit großer Sparsamkeit erfolgen. Die wichtigste Angabe ist die URL (Uniform Resource Locator), die eindeutig sein muss. Besteht die Möglichkeit, alternative URLs anzugeben, so sollte diejenige Adresse angegeben werden, die dem Inhalt der Internetseite oder der verantwortlichen Organisation am nächsten kommt. Es wird empfohlen, nur Quellen einzusetzen, deren Beständigkeit zuverlässig eingeschätzt werden kann. Zudem ist darauf zu achten, dass die zu zitierenden Textstellen eingegrenzt werden können, beispielsweise durch Seitenzahlen bei pdf-Dateien und durch Absatznummerierungen oder Ankerlinks (Textanker) bei html-Dateien. Das sind Links auf eine Textstelle auf derselben Website und an dem Rautezeichen (#) in der Adressierung erkennbar.
Ein weiteres Qualitätsmerkmal für die Zitation einer Webseite ist die Verfügbarkeit von Metadaten im Quelltext der Seite, in denen alle wesentlichen Informationen enthalten sein sollen[45]. Ein besonderes Augenmerk ist auf die Groß- und Kleinschreibung sowie auf die Trennung von Internetadressen zu werfen. Silbentrennungen der URL sind zu vermeiden; sind sie jedoch bei langen URLs notwendig, so darf die Trennung nur nach einem Schrägstrich („slash") oder vor einem Punkt durch Einfügen eines Leerzeichens erfolgen; ein Trennstrich („-") darf nicht eingefügt werden.

[44] Vgl. Karmasin & Ribing 2007, S. 79

[45] Zumeist einsehbar, wenn Sie auf der angezeigten Webseite mit der rechten Maustaste klicken und dann in Abhängigkeit vom verwendeten Browser Seitenquelltext anzeigen, Seiteninformationen anzeigen, Quellcode anzeigen, Quelltext, Dokumenteigenschaften u.Ä. auswählen.

3.3.4 Beispiel 3c „Internetquellen"

Elektronische Veröffentlichungen basierend auf der Druck-Version

Wenn die Zitation sich auf die Druck-Version eines Artikels oder eines Beitrags bezieht, dieser jedoch nur in der identischen elektronischen Version zur Verfügung steht, so ist es zwar nicht nötig, die dazugehörende URL anzugeben, jedoch ein zusätzliches Service an die Leserschaft. Es kann lediglich nach dem Titel des Beitrags in eckigen Klammern der Verweis auf die verwendete elektronische Version erfolgen:

Bös, Karl, Brehm, Wolfgang (1999): *Gesundheitssport – Abgrenzungen und Ziele* [Elektronische Version]. dvs-Informationen, 14 (2), S. 9–18

Schreiner, Claudia, Breit, Simone, Schwantner, Ursula, Grafendorfer, Andrea (2007): *PISA 2006. Internationaler Vergleich von Schülerleistungen* [Elektronische Version]. Graz: Leykam

Die URL sollte nach Möglichkeit angegeben werden. Zusätzlich ist das Datum des Abrufs aus dem Internet anzugeben. Die Angabe des Zugriffsdatums erfolgt in eckiger Klammer nach dem Schema Tag, Monat und Jahr. Der Vollbeleg sieht dann folgendermaßen aus:

Statistisches Jahrbuch 2008 der Wirtschaftskammer Österreich (2009). URL: http://wko.at/statistik/jahrbuch//2009_gesamt_de.pdf [4.3.2011]

Volksschul-Lehrplan (2003): URL: http://www.bmukk.gv.at/medienpool/14055/lp_vs_komplett.pdf [4.3.2011]

Online-Version nicht identisch mit Druck-Version

Hat man Grund zur Annahme, dass die Online-Version von der Druck-Version hinsichtlich der Formatierung (zB ohne Tabellen und Abbildungen) oder der Seitenzahlen abweicht, so ist jedenfalls das Datum des Abrufs aus dem Internet anzugeben. Gleiches gilt für Artikel, die bereits an anderer Stelle veröffentlicht wurden und im Original nicht vorliegen. Die Angabe des Zugriffsdatums erfolgt in eckiger Klammer nach dem Schema Tag, Monat und Jahr:

Paus-Hasebrink Ingrid, Bichler Michelle, Wijnen Christine (2007): *Kinderfernsehen bei sozial benachteiligten Kindern.* Zeitschrift für Theorie und Praxis der Medienbildung ISSN 1424-3636 [13.12.2010]

Wonnebauer, Gabriele (2006): *Mobbing am Arbeitsplatz. Prävention und Maßnahmen.* URL: http://www.uni-salzburg.at/pls/portal/docs/1/327011.PDF [3.4.2010]

Beiträge einer Online-Zeitschrift (E-Journal)

Existiert neben der html-Version eines reinen E-Journals auch eine pdf-Version, so ist vorzugsweise diese anzugeben, da hier durch die Seitenzahlen eine ausreichende Eingrenzung auf die Textstellen gegeben ist.

Brückner, Jan-Peter, Wilhelm, Andreas (2008): *Modellierung und Simulation von Adaptionsprozessen*, S. 1–15. URL: http://www.sportwissenschaft.de/fileadmin/pdf/BuT/brueckner.pdf [4.3.2011]

Fahrenberg, Jochen (o.A.): *Psychologische Anthropologie – Eine Fragebogenstudie zum Menschenbild von 800 Studierenden der Psychologie, Philosophie und Naturwissenschaften von Jochen Fahrenberg (Freiburg i. Br.),* S. 1–20. URL: http://www.jp.philo.at/texte/FahrenbergJ1.pdf [4.3.2011]

Beiträge einer Online-Zeitschrift im pdf-Format

Sind Artikel als pdf-Dateien nach Absätzen nummeriert und somit die Eingrenzung auf die Textstellen durch diese Paginierung gegeben, so können beide Versionen für die Zitation genutzt werden. Dabei ist dann die Anzahl der Absätze nach dem Jahrgang der Zeitschrift anzugeben (vergleichbar mit der Seiteneingrenzung bei Print-Journalen):

Frommberger, Dietmar (2009): *„Durchlässigkeit" in Bildung und Berufsbildung: Begriff, Begründungen, Modelle und Kritik.* 5 Absätze. URL: http://www.bwpat.de/profil2/frommberger_profil2.pdf [4.3.2011]

Beiträge einer Online-Zeitschrift im html-Format

Nuber, Ursula (2000): *Glücksmomente – Was das Leben gelingen lässt.* URL: http://www.psychologie-heute.de/compact/gluecksmomente_c17_ed.html [4.3.2011]

WWW-Seiten

Bei der Zitation von Internetseiten aus dem World Wide Web (WWW) ist vor allem auf die genauen Datumsangaben zu achten. Neben dem Datum des Zugriffs ist das Datum der Erstellung bzw. der Revision (der letzten Aktualisierung) der Seite anzugeben. Das Revisionsdatum ist dem Erstellungsdatum vorzuziehen. Wenn zusätzlich die Versionsnummer der Revision angegeben ist, so kann diese ebenfalls genannt werden. Diese Angaben sollten direkt auf der Seite, in den Metadaten oder in den Informationen über die Seiten enthalten sein. Die Angabe des Erstellungs- bzw. des Revisionsdatums erfolgt nach dem Schema Jahr, Tag und Monat (ausgeschrieben). Das Datum des Zugriffs erfolgt nach dem Schema Tag, Monat und Jahr.

Universität Innsbruck (2010, 25. Oktober): *Information für Studieninteressierte:* URL: http://www.uibk.ac.at/portal/studieninteressierte/ [4.3.2011]

Uni-Wegweiser (2005, 03.Februar) *A033626 Sportmanagement, Bachelor – Uni Wien:* URL: http://www.wegweiser.ac.at/univie/studieren/zensport/A033626.html [3.4.2011]

3.4 Wissenswertes zur Zitation

„Jetzt wissen wir zwar, wie man Quellen im Literaturverzeichnis angeht, aber wie man Textstellen, die man aus Quellen abgeschrieben hat, entsprechend markiert und angibt, von wem sie sind, ist mir noch nicht klar", stellt David fest. Lena widerspricht: „Das ist nicht schwer. Man kann in etwa so schreiben: Herr Meyer schreibt in seinem Buch: …" – „Ich glaube nicht, dass man in so einer direkten Rede schreiben darf", mischt sich Herbert ein. „Warum denn nicht?" – „Weil solche direkten Reden in meiner Arbeit dann sehr oft zu lesen wären." – „Also gut, dann werde ich morgen meine Professorin fragen", meint Katrin abschließend.

Jedes fremde Gedankengut, das Sie in Ihre Arbeit übernehmen, muss überprüfbar und nachvollziehbar sein. Korrektes Zitieren entspricht der wissenschaftlichen Redlichkeit. Übernommenes fremdes Gedankengut – egal, ob wörtlich (direkt) oder sinngemäß (indirekt) – ist als solches zu kennzeichnen. Eigene Argumentationen, Belege und Befunde müssen von jenen fremder Autoren unterscheidbar sein.

Abschreiben ist erlaubt, jedoch muss genau und redlich zitiert werden.[46] Es zeugt aber von fehlender Auseinandersetzung, gleich ganze Kapitel und Seiten einfach abzuschreiben, auch wenn die Quelle genannt ist. Wissenschaftlich ist hingegen, einzelne Passagen zu zitieren (oder Abbildungen, Tabellen, Darstellungen), sie in die Vorwissenschaftliche Arbeit als Argumentation, Unterstützung oder Absicherung der eigenen Argumente und Aussagen hineinzunehmen, die Quelle anzugeben und im Literaturverzeichnis anzuführen. „Eine Ausnahme von der Zitierpflicht besteht nur bei allgemein bekanntem Wissen des Fachgebiets."[47] Tatsachen, die Allgemeinwissen repräsentieren (dazu gehört auch das fachliche Grundlagenwissen), Ausführungen, die zum gesicherten Bestand des Allgemeinwissens gehören, Behauptungen, die evident (offensichtlich, augenscheinlich) oder allgemein bekannt sind, brauchen nicht durch eine entsprechende Quellenangabe belegt zu werden. Aus diesem Grund sind in Fachbüchern, Lehr- und Sachbüchern, Diplomarbeiten und Dissertationen jene Passagen, die ohnehin seit langem bekannt sind, nicht extra als Zitationen ausgewiesen.
Wenn allerdings statistische Daten in die Vorwissenschaftliche Arbeit einfließen, muss die Quelle zitiert werden. Nur wenn Zahlen überprüfbar sind, haben sie einen wissenschaftlichen Wert. Insofern müssen auch allgemein bekannte Zahlenangaben, wie etwa die Einwohnerzahl von Österreich, mit einer Quellenangabe belegt werden. Im Zweifelsfall wenden Sie sich an Ihre betreuenden Lehrpersonen.

3.4.1 Möglichkeiten der Zitatkennzeichnung

Grundsätzlich gibt es zwei Möglichkeiten, ein Zitat aus einer Quelle zu kennzeichnen. Entweder Sie geben die Quelle nach der übernommenen Stelle

- im Vollbeleg (Quellenangabe) oder
- im Kurzbeleg (Quellenverweis) an.

Quellen, die im Kurzbeleg angegeben werden, müssen zwangsläufig im Literaturverzeichnis im Vollbeleg angeführt sein, weil der Kurzbeleg nur ein Verweis auf das Literaturverzeichnis sein soll. Wenn Sie Quellen im Vollbeleg anführen, machen Sie das am besten über eine Fußnote. Allerdings sollte lediglich „Graue Literatur" derart angegeben werden, beispielsweise auch Internetseiten, denen keine Angaben zu Autorinnen/Autoren oder Herausgeberinnen/Herausgebern zu entnehmen sind[48]. Diese Vorgangsweise sollten Sie jedoch unbedingt mit Ihren betreuenden Lehrpersonen abklären.
Sowohl bei direkter (wörtlicher) Zitation als auch bei indirekter (sinngemäßer) Zitation erfolgt der Quellenverweis als Kurzbeleg durch Anführen des Familiennamens der Autorin oder des Autors, des Erscheinungsjahres des Werkes und der Seite(n), aus der (denen) das direkte oder indirekte Zitat entnommen wurde. Der Quellenverweis verweist auf das Literaturverzeichnis, wo die Literatur im Vollbeleg angegeben ist.

3.4.2 Wörtliche (direkte) Zitate

Bei wörtlichen (direkten) Zitaten werden die Ausführungen des Autors wörtlich übernommen. Sie sind ausnahmslos durch doppelte – typografische – Anführungszeichen („ ") zu kennzeichnen. Diese müssen am Beginn von Zitaten unten, am Ende von Zitaten oben stehen.

---

[46] Vgl. Karmasin & Ribing 2007, S. 82
[47] Rossig & Prätsch 2006, S. 141
[48] Vgl. Karmasin & Ribing 2007, S. 88

3.4.3 Beispiel 3d „Quellenverweise A"

Direkte oder wörtliche Zitate

Hier werden zwei Varianten, die Fußnoten- und die Textzitation vorgestellt. Verwenden Sie die an Ihrer Schule vorgeschriebene und behalten Sie diese während Ihrer gesamten Vorwissenschaftlichen Arbeit bei.

Fußnotenzitation	Textzitation
Die freiwillige Veröffentlichung von persönlichen Daten stellt für viele Jugendliche vorerst kein für sie erkennbares Problem dar. „Die unbedachte Aufgabe der Privatheit wird oft zu einem viel späteren Zeitpunkt erst erkannt."[1] ——— [1]SCHWETZ 2010, S. 17	Die freiwillige Veröffentlichung von persönlichen Daten stellt für viele Jugendliche vorerst kein für sie erkennbares Problem dar. „Die unbedachte Aufgabe der Privatheit wird oft zu einem viel späteren Zeitpunkt erst erkannt." (SCHWETZ 2010, S. 17)
Zur freiwilligen Veröffentlichung von persönlichen Daten durch Jugendliche führt SCHWETZ[2] aus: „Die unbedachte Aufgabe der Privatheit wird oft zu einem viel späteren Zeitpunkt erst erkannt." ——— [2]2010, S. 17	Zur freiwilligen Veröffentlichung von persönlichen Daten durch Jugendliche führt SCHWETZ (2010, S. 17) aus: „Die unbedachte Aufgabe der Privatheit wird oft zu einem viel späteren Zeitpunkt erst erkannt."

Darstellung 22: Quellenverweise – Beispiele direkter Zitate

In den nachfolgenden Ausführungen wird die Fußnotenzitation bevorzugt.

Im Gegensatz zum Quellenverweis im Text (Harvard-Zitierweise) hat die – keineswegs veraltete – Fußnotenzitation den Vorteil, dass durch den Quellenverweis in der Fußnote der Lesefluss nicht gestört wird. Aufgrund der technischen Möglichkeiten der heutigen Textverarbeitungsprogramme ist das Generieren von Fußnoten auch kein Problem mehr (im Gegensatz zum Schreibmaschinenzeitalter).

Zitate, die länger als zwei Zeilen sind, werden mit einem linken Einzug von 1 cm, in einer Schriftgröße um 1 pt kleiner (in der VWA daher 11 pt) als der übliche Textkörper und einzeilig formatiert:

> „Namen von Websites wie Facebook, Twitter, Xing, schülerVZ und studiVZ sind vor allem bei Jugendlichen ein Thema, weil man damit gut Verbindung zu Freunden halten kann. Die Veröffentlichung von persönlichen oder internen Daten erfolgt jedoch oft leichtfertig. Eine nachträgliche Löschung der Daten ist oft kaum möglich (Wayback-Machine). Daher sollten sich Jugendliche genau überlegen, was sie von sich veröffentlichen wollen. Als Beispiel sei an dieser Stelle der ‚Gefällt mir'-Button von Facebook angeführt. Nach dem Klicken dieses Links werden an erster Stelle die eigenen Freunde angezeigt, die den Button ebenfalls geklickt haben. Wer kann sich da dem Gruppenzwang entziehen? Facebook hingegen kann auf diesem Weg Nutzerstatistiken externer Websites und personenbezogene Nutzerprofile erstellen."[3]

———

[3]SAMAC 2011, S. 48

Raum für Notizen

Veränderungen an Originaltexten

Auslassungen (Ellipsen) im Zitat (jedoch nicht am Beginn und am Ende) werden durch fortlaufende Punkte in Klammern gekennzeichnet; zwei Punkte für ein ausgelassenes Wort, drei Punkte für mehr als ein Wort:

Zum Unterschied der heutigen Möglichkeiten sozialen Netzwerken beizutreten zu denen vor zwanzig Jahren meint Schwetz[4], dass die „unbedachte Aufgabe der Privatheit [...] oft zu einem viel späteren Zeitpunkt erst erkannt" wird.

---

[4] 2010, S. 17

Veränderungen durch die Verfasserin bzw. den Verfasser sind in eckigen Klammern zu verdeutlichen, erkannte (Rechtschreib-)Fehler im Original mit [!] oder [sic!] (d.h. wirklich so). Unterschiedliche Schreibweisen, die auf Rechtschreibreformen zurückzuführen sind, sollten nicht gekennzeichnet werden.

„Die Befunde lassen den Schlus [!] zu, das Web 2.0 ..."

Ergänzungen, Interpolationen:

„Dieses [Web 2.0] wird von den Jugendlichen ..."

Geänderte Hervorhebungen:

„Die **Befunde** [Herv. durch Verf.] lassen den Schluss zu, die Gefahren des Web 2.0 ..."

„Durch psychologisch raffiniert angelegte Verlinkungen [Herv. im Original] kann die Motivation zur Preisgabe sehr persönlicher Meinungen und Einstellungen ..."

Anführungszeichen in Anführungszeichen

Begriffe (Sogenanntes), die im Original unter Anführungszeichen stehen, werden unter ‚einfache Anführungszeichen' gesetzt (auf der Tastatur rechts neben dem „Ä": <Umschalttaste> + <#>).

„Mit diesem ‚Sammelsurium' an Informationen zu einem Persönlichkeitsprofil ..."

Sekundärzitate

Zitate im Zitat (Sekundärzitate) sind analog durch ‚einfache Anführungszeichen' zu kennzeichnen. Die Fundstelle ist durch Angabe der Seitenzahl („S. xx") der Quelle zu präzisieren.

Soziale Netzwerke im Internet sehen heute anders aus. „Die heutigen Gefahren im Umgang mit persönlichen Daten im Web 2.0 unterscheiden sich sehr von denen vor zwanzig Jahren. ‚Die unbedachte Aufgabe der Privatheit wird oft zu einem viel späteren Zeitpunkt erst erkannt.' Aus diesem Grund ..."[5]

---

[5] Prenner 2011, S. 43 mit einem Zitat von Schwetz 2010, S. 17

Ausschließliche Sekundärzitate sind wie folgt zu kennzeichnen. Die Fundstelle ist durch Angabe der Seitenzahl („S. xx") der Quelle zu präzisieren.

Soziale Netzwerke im Internet sehen heute anders aus. „Die unbedachte Aufgabe der Privatheit wird oft zu einem viel späteren Zeitpunkt erst erkannt.“[6]

---

[6]Schwetz 2010, S. 17 zit. in Prenner 2011, S. 43

In manchen Literaturen zum wissenschaftlichen Arbeiten wird oft noch die aus der Zeit der Schreibmaschine stammende Verwendung der Floskeln „ebd.“ (ebenda), „ders.“ (derselbe) oder „a.a.O.“ (am angegebenen Ort) vorgeschlagen. Diese Formen mögen bei einer Verwendung der Zitierweise im Vollbeleg noch ihre Berechtigung gehabt haben (Arbeitsersparnis), sind bei der heute allgemein bevorzugten Kurzzitierweise und der computergestützten Textverarbeitung im Zusammenhang mit elektronischen Literaturverwaltungsprogrammen überholt und sollten nicht mehr benutzt werden. Manuel THEISEN bezeichnet sie gar als „Ärgernis mit langer Tradition“. Sie führen nämlich dazu, dass bei nachträglichen Verschiebungen einzelner Textbausteine in der Vorwissenschaftlichen Arbeit oder bei Einfügungen die Floskeln falsche Verweise liefern.

Wir empfehlen auf alle Fälle, die an Ihrer Schule geltenden und geforderten Modalitäten mit Ihren betreuenden Lehrpersonen genau abzuklären und sich daran zu halten.

3.4.4 Sinngemäße (indirekte) Zitate

„Das mit dem direkten Zitieren ist mir jetzt klar. Aber was mache ich, wenn ich von einem Buch nicht abschreibe, sondern wenn ich Absätze aus einem Buch mit eigenen Worten zusammengefasst wiedergebe?“, fragt Alexander seine Sitznachbarin Sabrina. Die zuckt nur mit den Schultern. Simon dreht sich zu ihnen um und hilft: „Ich weiß das. Du machst das genauso wie bei den direkten Zitaten, nur mit dem Unterschied, dass du das indirekte Zitat nicht unter Anführungszeichen setzt und den Kurzbeleg mit ‚Vgl.‘ beginnst.“

In Falle eines sinngemäßen oder indirekten Zitates – auch oft als Paraphrase bezeichnet – übernehmen Sie zwar das Gedankengut anderer Autorinnen und Autoren, zitieren es aber in freier Übertragung, wobei Sinn und Bedeutung erhalten bleiben müssen. Unkorrekt ist jedenfalls die Übernahme von Textteilen, die gegenüber dem Original nur durch einige Wortumstellungen verändert und als indirekte Zitate gekennzeichnet werden. Sinngemäße (indirekte) Zitate sind unter den verschiedenen Zitierformen am häufigsten anzutreffen. Der Zitatumfang (Anfang und Ende) muss jedenfalls eindeutig erkennbar sein.

Zitate stehen niemals für sich alleine, sie unterstützen und ergänzen Ihre eigenständig hervorgebrachten Argumente. Wer in seiner Arbeit permanent direkte und indirekte Zitate aneinanderreiht, vollbringt keine eigenständige geistige Leistung und wird bei dem Versuch scheitern, eine gute Vorwissenschaftliche Arbeit zu verfassen.

3.4.5 Beispiel 3e „Quellenverweis B“

Indirekte oder sinngemäße Zitate

Entscheiden Sie sich für eine Variante und behalten Sie diese während Ihrer gesamten Vorwissenschaftlichen Arbeit bei.

Fußnotenzitation	Textzitation
Die freiwillige Veröffentlichung von persönlichen Daten stellt für viele Jugendliche vorerst kein für sie erkennbares Problem dar. Erst viel später werde die unbedachte Aufgabe der Privatheit erkannt[7]. ______ [7]Vgl. Schwetz 2010, S. 17	Die freiwillige Veröffentlichung von persönlichen Daten stellt für viele Jugendliche vorerst kein für sie erkennbares Problem dar. Erst viel später werde die unbedachte Aufgabe der Privatheit erkannt (vgl. Schwetz 2010, S. 17).
Prenner[8] schreibt über die Bedeutungen der sozialen Beziehungen von Jugendlichen im Web 2.0 ... ______ [8]2011, S. 17 f.	Prenner (2011, S. 17 f.) schreibt über die Bedeutungen der sozialen Beziehungen von Jugendlichen im Web 2.0 ...

Darstellung 23: Quellenverweise – Beispiele indirekter Zitate

In den nachfolgenden Ausführungen wird der Fußnotenzitation der Vorzug gegeben.

Auch bei längeren indirekten Zitaten steht das Fußnotenzeichen am Ende des Zitats (des zitierten Satzes oder Abschnitts), aber nicht hinter einer Überschrift. Zur Kennzeichnung des Zitatbeginns kann es von Vorteil sein, das Zitat mit dem Namen der Autorin bzw. des Autors einzuleiten. Steht dieser in Ihrem Text, schreiben Sie alle weiteren erforderlichen Angaben des Quellenverweises in die Fußnote (siehe Beispiel zwei in obiger Tabelle).

Werden mehrere Werke einer Autorin/eines Autors aus demselben Publikationsjahr angeführt, so werden diese durch eine ergänzende Kennzeichnung mit Kleinbuchstaben unterschieden:

Bezüglich der Bedeutungen der sozialen Beziehungen von Jugendlichen im Web 2.0 wurde betont[9] ...

______

[9]Vgl. Prenner 2011b, S. 17 f.

Mehrere Autorinnen und Autoren

Im Text werden bei der Nennung von AutorInnengruppen die AutorInnennamen durch Komma voneinander getrennt, wobei die letzte Autorin/der letzte Autor durch „und" abgesetzt wird:

Das Lehrbuch von Samac, Prenner und Schwetz[10] beschreibt ...

______

[10]2009, S. 45–52

An Stelle des „und" tritt bei der Literaturangabe in der Fußzeile das Zeichen „&":

Weitere Standardwerke zum wissenschaftlichen Arbeiten[11], welche das Problem ...

______

[11]Samac, Prenner & Schwetz 2009

Bei mehr als zwei AutorInnen werden AutorInnengruppen bei der Erstnennung vollständig, danach nur noch die erstgenannte Autorin/der erstgenannte Autor mit dem Zusatz „u.a." aufgeführt:

Samac, Prenner und Schwetz[12] nennen ... verschiedentlich wurde betont[13] ...

______

[12]2009, S. 62
[13]Samac u.a. 2009, S. 75 f.

Werden gleichbedeutende Aussagen verschiedener Werke im Text zitiert, werden diese durch einen Strichpunkt (;) voneinander getrennt:

... wird durch empirische Verfahren ermöglicht[14].

[14]Vgl. Samac 2011, S. 156; Prenner & Schwetz 2010, S. 79

Besondere Werke

Klassische Werke werden sowohl mit dem Jahr der Originalausgabe als auch mit dem Jahr der verwendeten Publikation zitiert:

... wie bereits Laplace [15] in seinem Essay ausführte, sollte ...

[15]1814/1951, S. 7–13

Werke, die noch nicht erschienen sind, von denen Sie aber ein Manuskript haben, werden folgendermaßen angegeben:

Schwetz [16] weist darauf hin ...

[16]im Druck

3.4.6 Beispiel 3f „Zitieren und Paraphrasieren"

Originaltext

„Facebook ist eines der am schnellsten gewachsenen Sozialen Netzwerke der letzten Jahre. Gegründet wurde es 2004 vom damaligen Harvard-Studenten Mark Zuckerberg und drei Kommilitonen: Dustin Moskovitz, Chris Hughes und Eduardo Saverin. Was zunächst als ein Mittel der Kommunikation zwischen Studenten und Absolventen von Harvard gedacht war, expandierte innerhalb eines Jahres zu drei weiteren Universitäten und 1 Mio. Nutzer."

Quelle im Vollbeleg:

Lechte, Yasmin (2010): *Social Media Marketing in der Kommunikationspolitik*. Hochschule für Angewandte Wissenschaften Hamburg: Bachelorarbeit. URL: http://opus.haw-hamburg.de/volltexte/2011/1287/pdf/Tamancoldi_Lechte_Yasmin_100914.pdf [10.8.2010], S. 16

Text in der Vorwissenschaftlichen Arbeit

Das digitale soziale Netzwerk Facebook wurde von Mark Zuckerberg, Dustin Moskovitz, Chris Hughes und Eduardo Saverin im Jahr 2004 als Kommunikationsplattform für aktive und ehemalige Studierende der Universität Harvard gegründet. Rasch breitete sich die Nutzung auf weitere Universitäten aus.[17]

[17]Vgl. Lechte 2010, S. 16

Raum für Notizen

Weitere Beispiele

Textbeispiel 1

Das Interview beziehungsweise die mündliche Befragung gehört zu den wichtigsten Erhebungsverfahren in der empirischen Sozialforschung.[18]

> „Die Befragung ist durch ein systematisches Vorgehen gekennzeichnet, bei dem Personen durch gezielte Fragen zur Angabe von Informationen veranlasst werden sollen. Sie helfen beim Erheben von Daten, Klären von Sachverhalten, Einholen von Meinungen und Gewinn von Überblicken."[19]

Ein zuvor erstellter Leitfaden mit auf den Informationsgewinn ausgerichteten Hauptfragen erleichtert und unterstützt eine gezielte Datenerhebung.[20] Eventuelle Zwischenfragen ergeben sich aus den Antworten der bzw. des Befragten.

---

[18]Vgl. Schnell, Hill & Esser 2005
[19]Lehmann 2008, S. 49
[20]Vgl. Altrichter & Posch 2007, S. 152

Quellen im Vollbeleg

Altrichter, Herbert, Posch, Peter (2007): *Lehrerinnen und Lehrer erforschen ihren Unterricht* (4. Auflage). Bad Heilbrunn/Obb.: Klinkhardt

Lehmann, Günter (2008): *Wissenschaftliche Arbeiten zielwirksam verfassen und präsentieren* (2. überarbeitete Auflage). Renningen: Expert Verlag

Schnell, Rainer, Hill, Paul B., Esser, Elke (2005): *Methoden der empirischen Sozialforschung* (7. überarbeitete Auflage). München: Oldenbourg Verlag

Textbeispiel 2

Zu den Hauptgütekriterien für standardisierte Tests zählen Objektivität, Reliabilität und Validität.

Die „Objektivität ist das Ausmaß, in dem ein Testergebnis in Durchführung, Auswertung und Interpretation vom Testleiter nicht beeinflusst werden kann."[21] Der Grad der Objektivität gibt demnach an, wie weit ein Test frei von Einflüssen des Testleiters ist. Es kann in weiterer Folge die Durchführungsobjektivität, die Auswertungsobjektivität und die Interpretationsobjektivität unterschieden werden.[22]

Reliabilität oder formale Zuverlässigkeit gibt an „wie stark Messwerte durch Störeinflüsse und Fehler belastet sind"[23], also wie stabil und unabhängig von äußeren Einflüssen die Ergebnisse eines Tests ausfallen. Für die Bestimmung der Zuverlässigkeit gibt es unterschiedliche Methoden, wie zum Beispiel die Testwiederholungsmethode, die Paralleltestmethode und die Testhalbierungsmethode.[24]

„Validität bedeutet Gültigkeit. Sie bestimmt das Ausmass [sic!], in dem der Test das misst, was er zu messen vorgibt."[25] Man unterscheidet in diesem Zusammenhang die Inhaltsvalidität, die Konstruktvalidität und die Kriteriumsvalidität.[26]

---

[21]Stangl o.A., S. 15
[22]Vgl. Moosburger & Kelava 2008, S. 9 ff.
[23]Lexikon der Psychologie 2001, S. 16
[24]Vgl. Petermann 2006
[25]Schmid 1992, S. 19
[26]Vgl. Schmid 1992, S. 19

Quellen im Vollbeleg

Lexikon der Psychologie (2001): 4. Band. Heidelberg, Berlin: Spektrum Akademischer Verlag

Moosbrugger, Helfried, Kelava, Augustin (2008): *Testtheorie und Fragebogenkonstruktion*. Johann Wolfgang Goethe-Universität Frankfurt, Institut für Psychologie. URL: http://www.lehrbuchpsychologie.de/images/testtheorie_und_fragebogenkonstruktion/Probekapitel_2.pdf [18.8.2011]

Petermann, Franz, Eid, Michael (Hrsg.) (2006): *Handbuch der Psychologischen Diagnostik*. Göttingen: Hogrefe.

Schmid, Holger (1992): *Psychologische Tests: Theorie und Konstruktion*. Bern: Huber. URL: http://home.page.ch/pub/hsch@vtx.ch/psychologische_tests.htm [18.8.2011]

Stangl, Werner (o.A.): *Tests und Experimente in der Psychologie*. URL: http://www.stangltaller.at/PSYCHOLOGIE/TestExperiment.pdf [17.8.2011]

3.5 Arbeiten mit Literaturverwaltungssoftware

„Diese Zitierregeln sind ganz schön kompliziert. Und dann noch die vielen verschiedenen Zitierstile – ist fast eine Geheimwissenschaft", beschwert sich Julia. David wirft ein: „Gibt es da noch keine Software, die einem diese lästige Detailarbeit abnimmt?" „Doch, aber ich habe keine Ahnung, wie das geht", meint Katrin.

Literaturverwaltungsprogramme helfen beim Recherchieren, Sammeln und Organisieren von Quellen. Plugins für Word oder OpenOffice erlauben die direkte Integration in die Textverarbeitung. Ein wesentlicher Vorteil liegt in der Unterstützung des vorwissenschaftlichen Schreibens durch das automatisierte Erstellen von Verweisen (Zitationen) und Literaturverzeichnissen sowie durch Möglichkeiten zur Synchronisation und Zusammenarbeit mit Ihren Teammitgliedern.

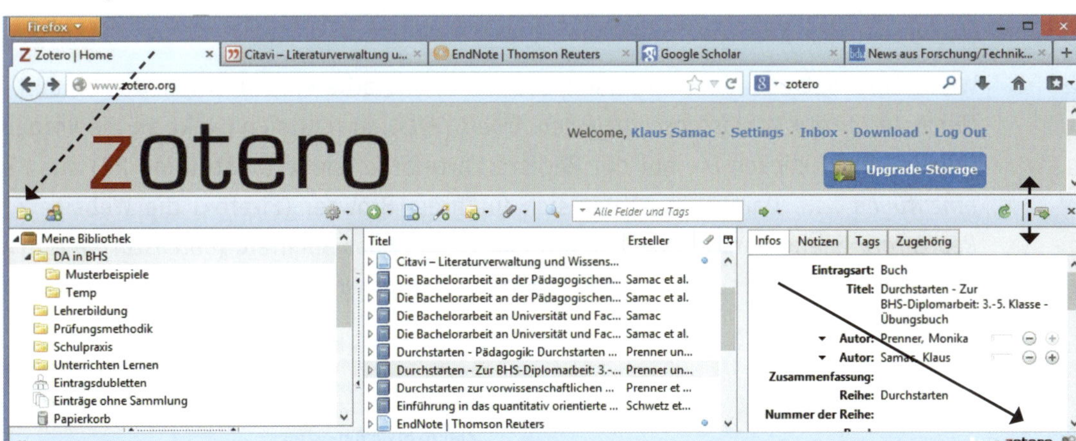

Darstellung 24: Zotero Benutzeroberfläche

Downloaden und installieren Sie Zotero (*Standalone* oder *for Firefox*). Öffnen Sie Zotero im Firefoxfenster durch Klick auf den Schriftzug *Zotero* (rechts unten im Browserfenster; siehe Pfeil in Darstellung 24). Die Größe des Fensters stellen Sie durch Ziehen des Rahmens bei gedrückter Maustaste ein (siehe strichlierter Doppelpfeil in Darstellung 24). Die linke Spalte der Zotero-Benutzeroberfläche gibt Ihnen einen Überblick über Ihre Sammlungen. Über den Button *Neue Sammlung …* (siehe strichlierter Pfeil in Darstellung 24) legen Sie sogenannte Sammlungen an, die jeweils eine Teilmenge Ihrer Bibliothek enthält. Jede Sammlung kann weitere Untersammlungen enthalten. Die mittlere Spalte zeigt Ihnen den Inhalt der Sammlung an, die in der linken Spalte markiert ist. Wenn Sie in der linken Spalte ganz oben *Meine*

Bibliothek markiert haben, wird in der mittleren Spalte der gesamte Inhalt Ihrer Bibliothek angezeigt. Die rechte Spalte zeigt Ihnen Informationen über die in der mittleren Spalte ausgewählte Quelle.

Grundeinstellungen vornehmen

Ein paar Grundeinstellungen sollten vor dem ersten Arbeiten über *Aktionen* (siehe Pfeil in Darstellung 25) und *Einstellungen* (siehe strichlierter Pfeil in Darstellung 25) vorgenommen werden. Die Auswahl *Zitieren* (siehe Darstellung 26) bietet die zwei Registerkarten *Textverarbeitungsprogramme* und *Stile* an, in denen die Plugins für die Textverarbeitungsprogramme und die installierten Zitierstile verwaltet werden.

Auf der Registerkarte Textverarbeitungsprogramme laden Sie das passende Plugin für Ihr Textverarbeitungsprogramm herunter (siehe Pfeil in Darstellung 26). Auf der Registerkarte *Stile* werden die vorinstallierten Zitierstile angezeigt, die Sie mit zusätzlichen erweitern können.

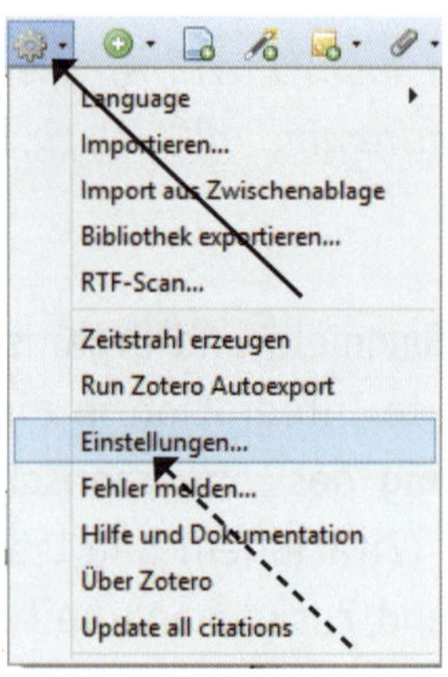

Darstellung 25: Einstellungen ändern

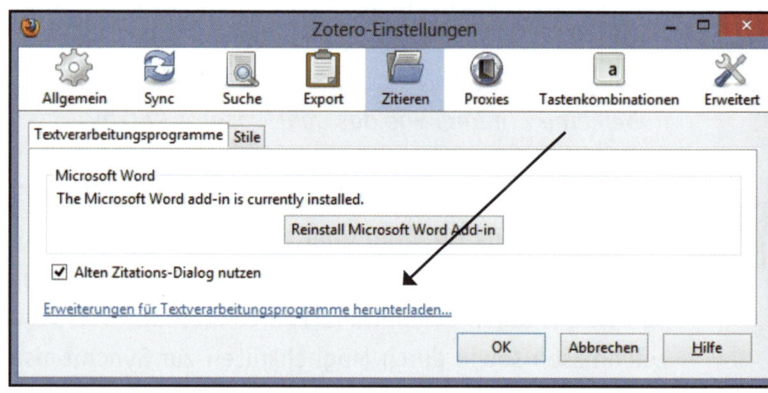

Darstellung 26: Zotero Textverarbeitungs-Plugin downloaden

Wenn Ihre betreuende Lehrperson zustimmt, installieren Sie einen der beiden Zitierstile *Durchstarten zur Vorwissenschaftlichen Arbeit (AHS)*, er hält sich exakt an die Vorgaben dieses Buches. Dazu klicken Sie auf der Registerkarte *Stile* (siehe Darstellung 27) auf *Weitere Stile hinzufügen* … . Daraufhin öffnet sich in Ihrem Browser (Firefox) die Website *Zotero Style Repository* (siehe Darstellung 28), auf der Sie über das Suchfeld (*durchstarten* eintippen) den passenden Zitierstil suchen und anschließend durch Anklicken (siehe Pfeil in Darstellung 28) installieren können.

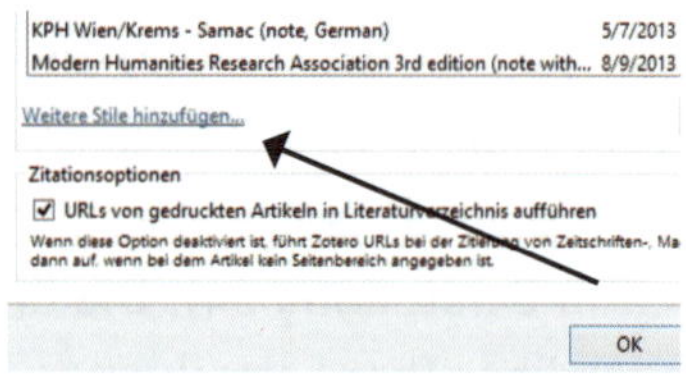

Darstellung 27: Weitere Zitierstile hinzufügen

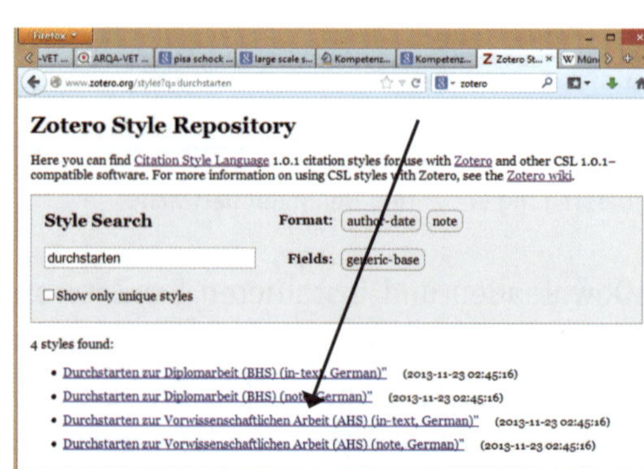

Darstellung 28: Auswahl des Zitierstils *Durchstarten zur Vorwissenschaftlichen Arbeit (AHS)*

Zusätzlich sollten Sie die Zitationsoption *URLs von gedruckten Artikeln in Literaturverzeichnis aufführen* auswählen (siehe Häkchen in Darstellung 27).

Quellen in die Zotero-Sammlung aufnehmen

Wenn Zotero bibliographische Informationen auf einer Website findet, wird dies durch ein Icon in der Adresszeile des Browsers angezeigt. Dieses Icon sieht je nach Quellentyp (Buch, Zeitschrift, Zeitungsartikel, Website, Film etc.) unterschiedlich aus (siehe Pfeil in Darstellung 29).

Darstellung 29: Quellen in Zotero übernehmen

Für das Abspeichern der aktuell angezeigten Quelle genügt ein Klick auf das entsprechende Icon in der Adresszeile von Firefox. Überprüfen Sie die von Zotero übernommenen Literaturen bzw. Quellen in der rechten Zoterospalte, bevor Sie diese in Ihrer Vorwissenschaftlichen Arbeit verwenden und zitieren. Oft wird es nötig sein, die Datensätze zu ergänzen oder für den verwendeten Zitierstil anzupassen. Sie können Bücher auch über das Zauberstabicon (*Eintrag per Identifier hinzufügen*) halbautomatisiert mittels Eintippen der internationalen Standardbuchnummer (ISBN) eintragen (*Neuer Eintrag*).

Zitieren mit Zotero in Word

Darstellung 30: Zotero-Plugin in Word

Nach einer erfolgreichen Plugin-Installation wird die Zotero-Symbolleiste in Ihrem Textverarbeitungsprogramm angezeigt. In Word 2007 oder 2010 unter Windows finden Sie diese unter dem Menüpunkt *Add-Ins* (siehe Darstellung 30). Immer dann, wenn Sie eine Textstelle aus einer Quelle zitieren, können Sie die Zitatkennzeichnung (je nach gewähltem Zitierstil als Vollbeleg oder Kurzbeleg bzw. als Text- oder Fußnotenzitation) automatisiert vornehmen. Dazu klicken Sie im Menüpunkt *Add-Ins* auf das erste Zotero-Icon *Zitat einfügen* in der Symbolleiste (siehe Pfeil in Darstellung 30). Beim ersten Mal werden Sie nach dem gewünschten Zitierstil gefragt, wobei das Standard-Ausgabeformat vorgeschlagen wird. Suchen Sie den installierten Zitierstil *Durchstarten zur Vorwissenschaftlichen Arbeit* und bestätigen Sie durch Klick auf *OK*.

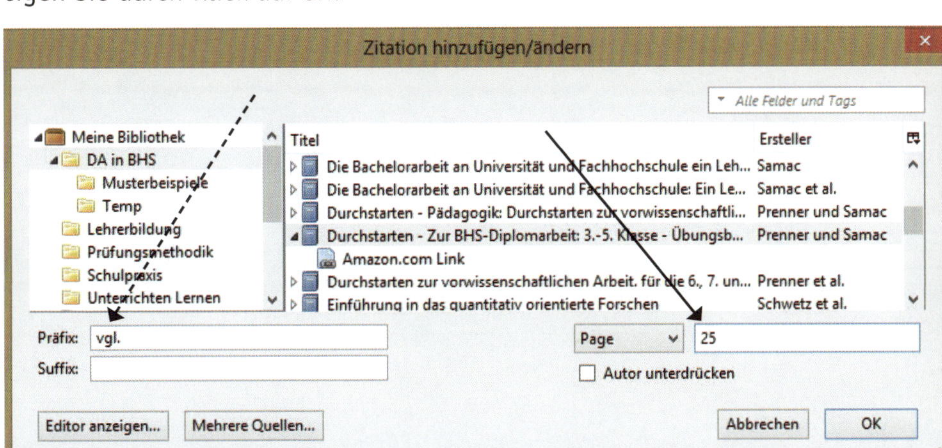

Darstellung 31: Zitation in Word hinzufügen

Suchen Sie auf der Zotero-Oberfläche die gewünschte Quelle und geben Sie die Seitenzahl ein (siehe Pfeil in Darstellung 31). Falls es sich um ein indirektes Zitat handelt, geben Sie in das Feld *Präfix* „vgl." ein (siehe strichlierter Pfeil in Darstellung 31). Klicken Sie auf *OK,* um den Verweis einzufügen. Wenn Sie für einen Verweis mehrere Quellen benötigen, klicken Sie auf *Mehrere Quellen*. Wenn Sie Verweise manuell bearbeiten möchten, wählen Sie den zu bearbeitenden Verweis aus, klicken auf das zweite Icon *Editor anzeigen* und bearbeiten Sie den Verweis im Editor.

Literaturverzeichnis erstellen und ausdrucken

Klicken Sie mit der rechten Maustaste auf Ihre Sammlung (zB *VWA an AHS* – siehe Pfeil in Darstellung 32) und wählen Sie im daraufhin erscheinenden Menü den Eintrag *Literaturverzeichnis aus Sammlung erstellen* (siehe strichlierter Pfeil in Darstellung 32).

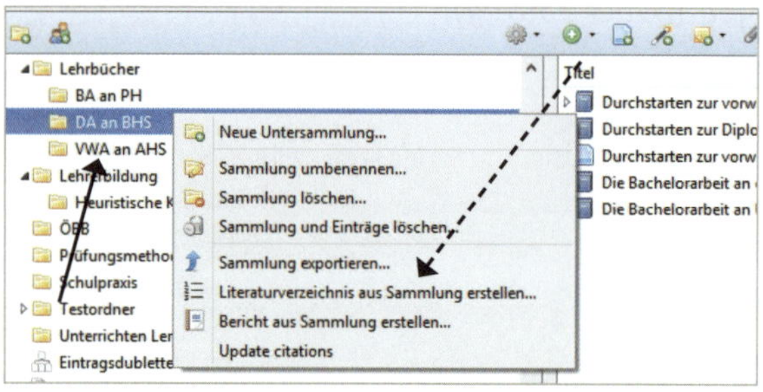

Darstellung 32: Literaturverzeichnis aus Zotero erstellen

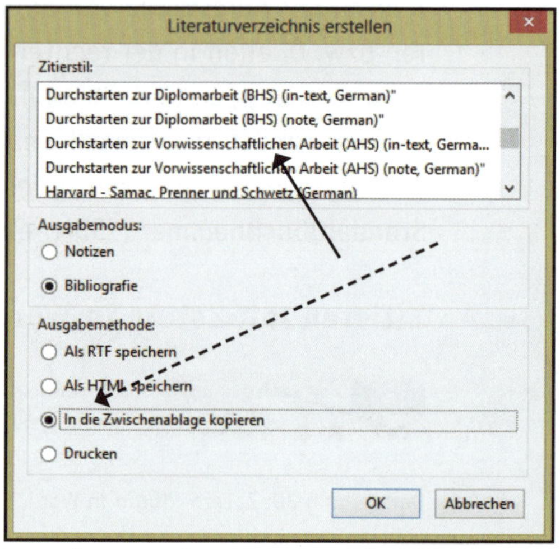

Darstellung 33: Literaturverzeichnis ausdrucken

Im daraufhin erscheinenden Menüfenster wählen Sie den entsprechenden Zitierstil (siehe Pfeil in Darstellung 33) und den Ausgabemodus *Bibliografie*. Die Ausgabemethode können Sie aus vier Möglichkeiten wählen. Für einen Ausdruck klicken Sie auf *Drucken*. Alternativ können Sie das Literaturverzeichnis in die Zwischenablage kopieren (siehe strichlierter Pfeil in Darstellung 33) und in ein Textdokument einfügen (Tastenkombination <Strg> + <V>).

„Na das ist ja ein Ding!", freut sich Lukas. „So eine Literaturverarbeitungssoftware nimmt uns jede Menge Arbeit ab." „Da können wir uns nun wirklich voll und ganz auf die inhaltliche Arbeit konzentrieren", ergänzt Katrin. Und Sabrina stellt fest: „Ich werde Zotero sofort downloaden und installieren."

Raum für Notizen

3.6 Übernahme von Darstellungen

Wie Textzitate werden auch Darstellungen (Grafiken, Tabellen etc.) (1) bei genauer Übernahme direkt oder (2) bei abgeänderter Übernahme indirekt zitiert. Das Fußnotenzeichen steht entweder am Ende des letzten Satzes vor der Darstellung, sofern dieser Satz auf die Darstellung verweist, oder am Ende der Beschriftung (Überschrift oder Unterschrift). Die Quelle ist in das Literaturverzeichnis aufzunehmen. Wenn Sie in Ihrer Vorwissenschaftlichen Arbeit mehrere Tabellen und mehrere Grafiken darstellen, so empfehlen wir anstatt der gemeinsamen Beschriftung Darstellungen eine getrennte Bezeichnung für Tabellen (Tab.) und Grafiken (Abb.). Tabellen- und Abbildungsverzeichnis sollten dann auch nach dem Inhaltsverzeichnis auf einer eigenen Seite aufscheinen.

In die Fußnote schreiben Sie bei genauer Übernahme (kopiert, gescannt, von Ihnen genau reproduziert):

Nachname Jahreszahl, Seitenangabe

Bei abgeänderter Übernahme:

Vgl. Nachname Jahreszahl, Seitenangabe

Möglich sind auch folgende Formen:

Quelle: Nachname Jahreszahl, Seitenangabe

Abbildung aus: Nachname Jahreszahl, Seitenangabe

Tabelle modifiziert übernommen aus: Nachname Jahreszahl, Seitenangabe

Entnommen aus: Nachname Jahreszahl, Seitenangabe

Unformen wie ein Copyrightzeichen © oder andere Irritationen sind zu vermeiden.

Raum für Notizen

3.7 Üben 3

Nun geht es los!

Recherchieren Sie zu Ihrer Vorwissenschaftlichen Arbeit eine Monographie, einen Zeitschriftenartikel, eine Internetquelle mit Autorin bzw. Autor und eine Internetquelle ohne Autorin bzw. Autor. Geben Sie die Quellen jeweils im Kurzbeleg und im Vollbeleg an. Parallel dazu übernehmen Sie die Quellen in ein Literaturverwaltungsprogramm (zB Zotero) und drucken Literaturverzeichnisse (Quellen im Vollbeleg) mit unterschiedlichen Zitationsstilen aus.

Kurzbeleg der Monographie:

Vollbeleg der Monographie:

Kurzbeleg des Zeitschriftenartikels:

Vollbeleg des Zeitschriftenartikels:

Kurzbeleg der Internetquelle mit Autorin/Autor:

Vollbeleg der Internetquelle mit Autorin/Autor:

Vollbeleg der Internetquelle ohne Autorin/Autor:

3.8 TOP FIVE 3

1. Laden Sie das Literaturverwaltungsprogramm Zotero aus dem Internet herunter und installieren Sie dieses sowie das Zotero-Add-In für Ihr Textverarbeitungsprogramm!

2. Recherchieren Sie online in Bibliothekskatalogen und auf anderen Websites und übernehmen Sie als brauchbar beurteilte Quellen in Ihre Untersammlung!

3. Übernehmen Sie besonders bedeutsame Textstellen als direkte, wörtliche („xyz") Zitate und weisen Sie diese korrekt mit dem Kurzbeleg aus!

4. Paraphrasieren Sie brauchbare Textstellen als indirekte (vgl.) Zitate und weisen Sie diese korrekt mit dem Kurzbeleg aus!

5. Erstellen Sie ein erstes Literaturverzeichnis mit Zotero und drucken Sie es aus!

4 Gestaltung und Layout

Die Jugendlichen stellen sich folgende Fragen:

Wie gestaltet man eine Vorwissenschaftliche Arbeit?
Was soll am Deckblatt stehen?
Was ist der Unterschied zwischen Vorwort und Einleitung?
Wie werden die einzelnen Kapitel aufgebaut?
Wie viele Überschriften dürfen verwendet werden?

4.1 Textgestaltung

Eine Vorwissenschaftliche Arbeit muss einen Umfang von **40.000 bis 60.000** Zeichen (inklusive Leerzeichen) haben. Nicht eingerechnet werden dabei Deckblatt, Vorwort, Inhalts-, Tabellen-, Abbildungs-, Abkürzungs- und Literaturverzeichnis sowie der Anhang. Erstellen Sie Ihre Arbeit wenn möglich mittels eines gängigen Textverarbeitungsprogramms.

- Das Textverarbeitungsprogramm ermöglicht es, Fehler ohne großen Aufwand zu korrigieren, Textbausteine einzufügen sowie hin und her zu schieben und Ihrer Arbeit ein zeitgemäßes Layout zu verleihen.

- Generell sollte Ihre gesamte Arbeit nach folgenden Formal- bzw. Layoutkriterien erstellt werden:
  - Die Seitenränder mit oben 2,5 cm, unten 2,5 cm, links 3 cm, rechts 2,5 cm festlegen.
  - Schriftgröße 12 pt im Fließtext (Ausnahmen bilden beispielsweise das Deckblatt, Überschriften und Beschriftungen, längere direkte Zitate, Fußnoten, Texte in Tabellen)
  - Fließtext 1½-zeilig, Fußnoten einzeilig
  - Textausrichtung im Blocksatz mit automatischer Silbentrennung
  - Gut lesbare Schriftart mit Serifen (zB Times New Roman) und für die Überschriften Schriften ohne Serifen (zB Arial). Serifen helfen beim Lesen die Zeilen zu halten und beim Zeilenwechsel die neue Zeile zu finden.
  - Nicht mehr als zwei Schriftarten verwenden.
  - Hervorhebungen durch **Fettdruck** oder *Kursivschrift* (keine Unterstreichungen) – sparsam verwenden
  - Übliche Gliederung: maximal drei nummerierte Überschriftenebenen und ev. eine ohne Nummerierung
  - Fortlaufende Seitennummerierung
  - Darstellungen (Abbildungen und Tabellen) durchlaufend nummerieren und beschriften
  - Einseitig gedruckt
- Beachten Sie ganz besonders die Richtlinien für die Textgestaltung in der ÖNORM A 1080 vom Österreichischen Normungsinstitut.[49]
- Die erstmalige Abgabe der VWA hat bis zum Ende der ersten Unterrichtswoche des 2. Semesters der letzten Schulstufe sowohl in digitaler als auch in zweifach ausgedruckter Form (geheftet, gebunden oder Spiralbindung) zu erfolgen. Die Zeiträume für die Abgabe der schriftlichen Arbeit im Falle der Wiederholung der VWA sind die erste Unterrichtswoche, die ersten fünf Unterrichtstage im Dezember und die erste Unterrichtswoche im 2. Semester.[50]

Raum für Notizen

[49] Zu finden unter: http://www.wkk.or.at/tourismus/blwb2011/downloads_data/images/oenorm_A080_20070301.pdf [10.12.2013]
[50] Vgl. §10 Prüfungsordnung AHS, S. 13

4.2 Checkliste 4a „Aufbau“

Bausteine der VWA

optional	minimal[51]
☑ Leeres Zwischenblatt	———
☑ Deckblatt	☑ Titelblatt
☑ Eidesstattliche Erklärung	———
☑ Abstract (in deutscher oder englischer Sprache)	☑ Abstract (in deutscher oder englischer Sprache)
☑ Vorwort	———
☑ Inhaltsverzeichnis	☑ Inhaltsverzeichnis
☑ Danksagung	———
☑ Einleitung (Fragestellung, Problemaufriss)	☑ Einleitung (Fragestellung, Problemaufriss)
☑ Hauptteil (Darstellung der einzelnen Kapitel)	☑ Hauptteil (Darstellung der einzelnen Kapitel)
☑ Schluss (Fazit), Zusammenfassung, Ergebnisse des Arbeitsprozesses, Antworten auf die Fragestellung	☑ Schluss (Fazit)
☑ Literatur- bzw. Quellenverzeichnis	☑ Literatur- bzw. Quellenverzeichnis
☑ Abbildungs- und/oder Tabellenverzeichnis	———
☑ Abkürzungsverzeichnis	———
☑ Glossar (Liste von Fachbegriffen mit Erklärung)	———
☑ Anhang	———
☑ Leeres Zwischenblatt	———
☑ Begleit- und Betreuungsprotokoll	☑ Begleit- und Betreuungsprotokoll
☑ Leeres Zwischenblatt	———

Darstellung 34: Bausteine der VWA

„Gut, nun wissen wir zwar, welche Bausteine in unseren Arbeiten vorhanden sein müssen, aber was alles auf einem Deckblatt stehen muss, ist mir noch immer unklar“, stellt Lukas fest. „Genau“, stimmt David ihm zu, „und wie lang so eine Kurzzusammenfassung sein soll, hat uns auch noch niemand gesagt.“ – „Ich habe gehört“, fügt Julia hinzu, „dass wir auch Abbildungsverzeichnisse und sogar Abkürzungsverzeichnisse anlegen müssen. Stimmt das?“ Simon antwortet: „Weiß ich nicht. Aber ich würde nur allzu gerne wissen, was ich in ein Vorwort schreiben soll.“

[51] Vgl. BMUKK 2013, S. 27

4.3 Checkliste 4b „Deckblatt“

Das **Deckblatt**, das erste Blatt der Arbeit, liefert der Leserin bzw. dem Leser einen ersten Eindruck von Ihrer Arbeit und sollte daher die in dieser Checkliste angeführten Daten enthalten. Achten Sie dabei auf ein professionelles Layout. Richten Sie sich auf alle Fälle nach den Vorgaben Ihrer Schule, sofern diesbezüglich welche verordnet wurden.

- ☑ Angabe des Titels der Arbeit
- ☑ Angabe des Untertitels
- ☑ Bezeichnung „Vorwissenschaftliche Arbeit“
- ☑ Name der Schule
- ☑ Bezeichnung „Prüferin“/„Prüfer“ bzw. „Beurteilerin“/„Beurteiler“
- ☑ Titel, Vor- und Zuname der Prüferin bzw. des Prüfers
- ☑ Bezeichnung: „vorgelegt von“
- ☑ Angabe Ihres Vor- und Zunamens
- ☑ Angabe des Schulortes und
- ☑ des Monats sowie des Jahres der Abgabe der Arbeit

Raum für Notizen

4.4 Beispiel 4a „Deckblatt“

Zu den Chancen und Risiken von Facebook für Jugendliche

Eine schriftliche Befragung von Schülerinnen und Schülern des Gymnasiums XY

VORWISSENSCHAFTLICHE ARBEIT

vorgelegt von

Julia Jedermann

Themensteller: Prof. Mag. Manfred Muster
Realgymnasium, XY
Wien, Februar 2015

4.5 Wesentliche Bestandteile der VWA

Das **Abstract** (Kurzzusammenfassung, 100 bis 150 Wörter, in Deutsch oder Englisch[52]) ist das zweite Blatt der Arbeit und informiert die Leserin bzw. den Leser Ihrer Arbeit in wenigen Worten über deren Inhalt, Anliegen und vor allem über die Ergebnisse. Schreiben Sie nicht nur, was Sie gemacht haben, sondern zu welchen Ergebnissen Sie gekommen sind, was nun der Wissenszuwachs ist und welche Erkenntnisse gewonnen wurden. Im Abstract sollten Sie aber nicht ins Detail gehen. Thema, Fragestellungen, methodische Vorgehensweise und Schlussfolgerungen sollten maximal eine Seite umfassen.

Das **Vorwort**, das kein verpflichtender Baustein ist, leitet Ihre Arbeit ein und spiegelt Ihren persönlichen Bezug zum gewählten Thema wider. Das Vorwort entspricht einem Kurzaufsatz und sollte in Ihrer Arbeit die Länge einer Seite nicht überschreiten. Das Vorwort beinhaltet meist auch einen kurzen Dank an Personen und Stellen, die Sie beispielsweise durch (1) besondere Literaturhinweise, (2) wertvolle Anregungen, (3) Hilfe bei der Arbeit am PC etc. besonders unterstützt haben. Möglich sind auch Hinweise, von wem die Anregung zum Thema ausgegangen ist. Das Vorwort schließt mit der Ortsangabe (Schulort), dem Datum und dem Namen der Verfasserin bzw. des Verfassers.

Das **Inhaltsverzeichnis** entspricht dem Inhalt Ihrer Arbeit in Tabellenform und enthält ab der Einleitung bzw. dem Problemaufriss alle Überschriften (siehe Beispiel 4b, S. 76). Die Kurzzusammenfassung, das Vorwort, die Verzeichnisse und eine eventuelle eidesstattliche Erklärung scheinen im Inhaltsverzeichnis nicht auf, sondern werden nur am richtigen Platz in die Arbeit eingebunden. Das Inhaltsverzeichnis gibt einen ersten Überblick über die Systematik Ihrer Arbeit und verschafft der Leserin bzw. dem Leser einen ersten tieferen Eindruck. Seien Sie sich dessen bewusst, dass das Inhaltsverzeichnis die „Visitenkarte" Ihrer Arbeit ist. Es muss den logischen Aufbau der Vorwissenschaftlichen Arbeit widerspiegeln und eine erste größere Information über den Inhalt Ihrer Arbeit gestatten.

Es sollte selbstverständlich sein, dass das Inhaltsverzeichnis dem tatsächlichen Stand der Überschriften Ihrer Arbeit entspricht. Zusätzlich werden am Ende der jeweiligen Zeile die entsprechenden Seitenangaben platziert. Aus dem Inhaltsverzeichnis sollte auch die Gliederungstiefe der Kapitel auf einen Blick hervorgehen (siehe Beispiel 4b). Textverarbeitungsprogramme erstellen bei entsprechender Handhabung automatisch ein korrektes Inhaltsverzeichnis. Wenn Sie zum Beispiel im häufig verwendeten Programm „Word" die Überschriften im Text als solche definieren, können Sie anschließend das Inhaltsverzeichnis automatisiert einfügen.

Wenn Sie vermehrt grafische Darstellungen und/oder Tabellen in Ihrer Arbeit verwenden, so sollten auch diese in einem Verzeichnis zu finden sein. Ein **Darstellungsverzeichnis** umfasst (1) grafische Darstellungen (Abbildungen) sowie (2) Texte (alphanumerisch) in Tabellenform. Bei einer entsprechenden Anzahl an Abbildungen und Tabellen kann zu einer Trennung in ein **Abbildungsverzeichnis** und in ein **Tabellenverzeichnis** geraten werden. Auch diese können von Textverarbeitungsprogrammen automatisch erstellt werden.

Ein **Abkürzungsverzeichnis** enthält alle in der Arbeit verwendeten Abkürzungen, die nicht allgemein üblich sind und daher auch nicht im Duden bzw. Österreichischen Wörterbuch stehen. Dazu zählen beispielsweise Abkürzungen von medizinischen, technischen und fachspezifischen Begriffen. Das Abkürzungsverzeichnis steht hinter Literatur-, Abbildungs- und/oder Tabellenverzeichnis auf einer eigenen Seite. Nach Möglichkeit sollten Sie jedoch auf Abkürzungen verzichten und die Bezeichnungen in Ihrem Text ausschreiben oder in einer Fußnote kurz erklären.

---

[52] Vgl. BMUKK 2013, S. 14

Zu Ihren Aufgaben gehört auch, ein **Begleitprotokoll** (siehe Seite 18) über die Art der Durchführung der Arbeit zu führen. Dokumentiert werden sämtliche Hilfsmittel, Hilfestellungen und der Arbeitsablauf. Jede Besprechung mit der betreuenden Lehrkraft muss stichwortartig notiert werden.[53] „Die betreuende Lehrkraft hat ein **Betreuungsprotokoll** zu verfassen, das einerseits den Entwicklungsprozess bei der schriftlichen Arbeit beschreibt, andererseits die wesentlichen Meilensteine enthält. Dieses Protokoll ist von der Betreuungslehrkraft zu unterschreiben. Beide Protokolle sind der schriftlichen Arbeit anzuschließen."[54]

4.6 Beispiel 4b „Inhaltsverzeichnis"

[53] Vgl. BMUKK 2011, S. 13
[54] BMUKK 2011, S. 13

4.7 Von der Einleitung zur Zusammenfassung

„Weiß jemand von euch, wie man einen Problemaufriss formuliert und was man da hineinschreibt?", fragt David. „Ich nicht", stellt Simon fest. Julia meint dazu: „Ich hab mich schon schlau gemacht. Man muss erst mal versuchen, sein Thema als ein sehr interessantes darzustellen. Dann ist die Fragestellung zu formulieren und schließlich, wie man gedenkt, die Frage zu beantworten, was man in den einzelnen Kapiteln so alles bearbeiten will und warum."

Die Einführung in die Problemstellung oder der Problemaufriss (Einleitung) stellt immer das Kapitel 1 dar. In diesem Kapitel sollten Sie das interessierende Problemfeld Ihrer Arbeit auf ca. einer Seite darstellen. Die Einführung in die Problematik umfasst zumindest drei wesentliche Aspekte:

1. **Relevanz des Themas**

   Warum ist das Thema überhaupt wichtig? Formulieren Sie sachlich und neutral (nicht in der Ich-Form) eine Begründung der Themenwahl, Ihre Motive und die Ausgangslage.

2. **Fragestellung(en)**

   Welche Frage(n) will ich in der Arbeit beantworten? Der zentrale Teil der Einführung in die Problemstellung ist die Ihrer Arbeit zugrunde liegende, explizit formulierte Fragestellung. Stellen Sie Ihre erkenntnisleitenden Interessen und die Ziele der Arbeit vor.

3. **Vorgangsweise**

   Wie werden Sie beim Beantworten der Fragestellung(en) vorgehen? Ebenso sollten Sie den Weg der Zielerreichung, d.h., wie Sie die Beantwortung der Fragestellung vornehmen wollen, angeben. Dies entspricht der Offenlegung der verwendeten Methode des Vorgehens und skizziert somit den Aufbau Ihrer Arbeit.

Die Einleitung

In logischer Konsequenz ist daher auch mit dem Kapitel „Einführung in die Problemstellung" (Einleitung) zu beginnen. Keinesfalls kann mit dem Hauptteil ohne Einleitung der Arbeit begonnen werden, weil ja die Fragestellung(en) dann, wenn überhaupt, im Nachhinein eingefügt würde(n), was wissenschaftlichen Arbeitskriterien vollkommen widerspricht. Mit einer gut angelegten Einführung in die Problemstellung haben Sie zugleich auch immer ein gutes Korrektiv. Lesen Sie während des Arbeitens am Haupttext immer wieder Ihre Einführung in die Problemstellung durch und vergleichen Sie, ob Sie noch auf dem geplanten Weg sind. Wenn nicht, haben Sie zwei Möglichkeiten: (1) Sie ändern den Haupttext, um ihn wieder an Ihren ursprünglichen Plan anzugleichen oder (2) Sie korrigieren Ihre Einführung in die Problemstellung. Letztere Möglichkeit ist unbedingt mit Ihren betreuenden Lehrpersonen abzuklären, weil sich damit zwangsläufig Fragestellung(en) und/oder Methode(n) ändern.

„Und dann schreibt man einfach drauflos, oder?", fragt Alexander. „Sicher nicht", entgegnet Katrin. Julia unterstützt ihn: „Ich glaub, da gibt es ganz sicher auch wieder irgendwelche Punkte, die es zu berücksichtigen gilt." – „Ganz sicher." „Tja, wenn ihr meint. Am besten frag ich gleich morgen meinen Professor. Er hat heute ohnehin gemeint, ich war schon lange nicht mehr bei ihm wegen einer Beratung", stellt Simon abschließend fest.

Der Hauptteil

Der Beantwortung der Fragestellung(en) ist der Hauptteil der Arbeit zu widmen, wobei er in der Regel mehrere Kapitel umfasst. Hierbei muss der „rote Faden" erkennbar sein. Jedes Kapitel wiederum wird sinnvollerweise in Unterkapitel unterteilt.

4.7.1 Inhaltliche Kriterien und Gliederungsmerkmale

Inhaltliche Bausteine

Zu Beginn der Arbeit sind die zentralen Begriffe des Themas eindeutig zu definieren. In gut durchdachten und klar formulierten Fragestellungen sind die zentralen Begriffe meist eindeutig erkennbar. Eine reine Auflistung von Definitionen aus Lexika genügt nicht. Begriffsdefinitionen werden vielmehr durch die Auseinandersetzung mit der aktuellen Literatur gewonnen. Mit der Festlegung der Begriffe deklariert man indirekt das Wissenschaftsverständnis und es werden die hinter den Begriffen stehenden Theorien, Menschen- und Weltbilder übernommen. Das sollte auch explizit in der Arbeit reflektiert werden.
Anschließend werden bestehende Theorien oder dokumentiertes Praxiswissen zur Fragestellung argumentativ, vergleichend und kritisch erläutert, zusammengefasst und konkrete Schlussfolgerungen für praktische Bedeutsamkeit gezogen. Bezieht man konkrete Beispiele aus der Fachpraxis ein, dann sind die theoretisch erarbeiteten Erkenntnisse zur Analyse und Reflexion der Praxis einzusetzen. Eine beschreibende Dokumentation alleine entspricht nicht einem wissenschaftlichen Vorgehen, kann hingegen beim vorwissenschaftlichen Arbeiten akzeptiert werden. Um den Argumentationszusammenhang sichtbar zu machen, können einzelne Arbeits- und Gedankenschritte beschrieben werden. Übergänge zwischen den einzelnen Kapiteln sollen dazu genützt werden, zu erklären, was nun warum gemacht wird („roter Faden"). Dies geschieht am besten gleich nach der Kapitelüberschrift vor dem ersten Unterkapitel.

Der Hauptteil der Arbeit umfasst bei einer Literaturarbeit immer die kritische Auseinandersetzung mit der Literatur mit Bezug zur eingangs gestellten Fragestellung.

Bei einer empirischen Arbeit werden Sie insbesondere zu den oben angeführten Kriterien (1) den Theoriebezug auf Grundlage aktueller Fachliteratur herstellen, (2) Ihre angewandte empirische Methode auf Grundlage methodologischer Literatur umreißen und intersubjektiv nachvollziehbar dokumentieren sowie (3) die Ergebnisse korrekt darstellen und interpretieren müssen.

Kriterien zur Gliederung

Die Gliederung des Hauptteils sollte in Kapitel und Unterkapitel vorgenommen werden. Gibt es Unterkapitel zu einem Kapitel, dann müssen es zumindest zwei sein. So muss zum Beispiel einem Unterkapitel 3.1 mindestens auch ein Unterkapitel 3.2 folgen:

3 ZUR VORWISSENSCHAFTLICHEN ARBEIT
    3.1 Begriff der Vorwissenschaftlichen Arbeit
4 RECHTE UND PFLICHTEN DER SCHÜLER

3 ZUR VORWISSENSCHAFTLICHEN ARBEIT
    3.1 Begriffsdefinition „Vorwissenschaftliche Arbeit"
    3.2 Beurteilung der Vorwissenschaftlichen Arbeit
    3.3 Resümee
4 DIE FORMALE GESTALTUNG VON VORWISSENSCHAFTLICHEN ARBEITEN

✓

Unterkapitel sollten auch keine wortgetreue Wiederholung des Kapitels sein:

~~3 ZUR VORWISSENSCHAFTLICHEN ARBEIT UND ZUR BEURTEILUNG~~
~~3.1 ZUR VORWISSENSCHAFTLICHEN ARBEIT~~
~~3.2 ZUR BEURTEILUNG~~

Die Gliederungstiefe sollte in der Regel drei Ebenen nicht überschreiten. Hinter der letzten Stelle der Nummerierung steht kein Punkt. Ein Textverarbeitungsprogramm macht dies bei entsprechender Handhabung automatisch richtig:

3 ZUR VORWISSENSCHAFTLICHEN ARBEIT UND ZUR BEURTEILUNG
   3.1 Ziel und Zweck der Vorwissenschaftlichen Arbeit
      3.1.1 Themenwahl
      3.1.2 Forschungsfrage
      3.1.3 Vorgangsweise
   3.2 Aspekte der Beurteilung einer Vorwissenschaftlichen Arbeit
4 RECHTE UND PFLICHTEN DER SCHÜLERINNEN UND SCHÜLER

✓

Die Zusammenfassung

Die zusammenfassende Darstellung (Schluss, Fazit, Zusammenfassung, Resümee und Ausblick …) stellt die wesentlichen Aussagen Ihrer Arbeit zusammenfassend in einem Kapitel auf ein bis zwei Seiten dar. Weiters werden immer auch die Ergebnisse (Beantwortung der Fragestellungen) präsentiert, zu denen Sie aufgrund Ihrer Recherchen (Literaturarbeit) oder Analysen gekommen sind. Zu diskutieren ist auch, welche Schlüsse Sie allgemein ziehen können, welche konkreten Konsequenzen für die Zukunft abgeleitet werden, welche Fragen offen geblieben sind und einer weiteren Analyse bedürfen (Ausblick). Somit schließen Sie den Bogen zu den in Ihrer Einleitung aufgeworfenen Fragen und geben eine nunmehrige Sichtweise und Gesamteinschätzung der Thematik ab.
Mit der Einführung in die Problemstellung und der zusammenfassenden Darstellung sollten Ziel(e) und Ergebnis(se) der VWA eindeutig erkennbar sein und die grundlegenden Informationen Ihrer Arbeit geliefert werden. Wer Ihren Problemaufriss und die Zusammenfassung liest, muss zumindest darüber informiert sein, welchen Fragen Sie warum und wie auf die Spur gegangen sind und was die Antworten, die Ergebnisse sind.

„Das Um und Auf ist die Fragestellung", stellt Alexander fest und Julia ergänzt: „Wenn ich die ordentlich formuliere, ergeben sich zwangsläufig die zentralen Begriffe, die auch gleich die einzelnen Kapitel darstellen. Eigentlich gar nicht so schwierig." „Wir müssen beachten, dass wir nur dasjenige schreiben, das zur Beantwortung der Fragestellung notwendig ist", pflichtet David den beiden bei. „Genau! Wenn jemand meinen Problemaufriss und meine Zusammenfassung liest, kennt er meine Arbeit", schließt Anna.

Das Literaturverzeichnis

In das Literaturverzeichnis (Quellenangaben) werden generell – angelehnt an den APA Style – nur die Quellen aufgenommen, die auch im Text zitiert werden. Das Literaturverzeichnis enthält daher alle in der Arbeit verwendeten Publikationen, also Monographien, Bücher, Aufsätze in Sammelbänden, Beiträge in Büchern, Lehrbüchern, Fachzeitschriften, Lexika oder Handbüchern, Diplomarbeiten, Dissertationen, Habilitationsschriften, außerdem publizierte Konferenzberichte, Kongressberichte, Papers von Institutionen, Festschriften, Gesetze und Verordnungen, Tageszeitungen etc.

Die Angabe der Quellen im Literaturverzeichnis hat den Sinn, dass sich interessierte Personen diese Quellen besorgen können. Daher hat sich eine gewisse Systematik der Quellenangabe in der Scientific Community eingebürgert. Grundsätzlich wird Literatur durch Angabe der Autorinnen- bzw. Autorennamen, des Titels, des Verlagsortes und des Erscheinungsjahres aufgelistet. Seit geraumer Zeit ist auch immer öfter zu sehen, dass der Verlagsname ebenfalls angegeben ist. Das Literaturverzeichnis wird generell in alphabetischer Reihenfolge angelegt (Familienname der Autorinnen oder Autoren bzw. Quellen), innerhalb der gleichen Autorinnen- bzw. Autorennamen in chronologischer Reihenfolge aufsteigend. Es wird meist nicht blockweise zwischen Büchern, Zeitschriften und Internet-Quellen getrennt. Wird aus Diplomarbeiten, Dissertationen und Habilitationsschriften zitiert, die nicht publiziert wurden, ist dies anzugeben sowie auch der Universitätsname und das Institut. Zu den Quellen werden aber auch mündliche Auskünfte von Expertinnen und Experten, Argumentationen, Auszüge und Darstellungen aus Protokollen und dergleichen gerechnet.

Literaturverzeichnis in Word automatisiert erstellen

Wenn Sie, wie unter Punkt *3.5 Arbeiten mit Literaturverwaltungssoftware* beschrieben, mit Zotero arbeiten, erstellen Sie in Word ein Literaturverzeichnis durch einen Klick auf das dritte Zotero-Icon *Bibliographie einfügen* im Menüpunkt *Add-Ins* (siehe Pfeil in Darstellung 35). Zotero übernimmt jene Quellen, aus denen Sie direkt oder indirekt zitiert haben. Wenn Sie an einer Angabe im Literaturverzeichnis manuelle Änderungen vornehmen möchten, klicken Sie auf das vierte Icon *Bibliographie editieren*. Es wird öfters vorkommen, dass Sie in Zotero die Angaben zu Quellen nachträglich ergänzen oder verändern, nachdem Sie bereits Zitate erstellt haben. Durch einen Klick auf das fünfte Icon *Zotero aktualisieren* können Sie sämtliche von Zotero generierten Angaben in Ihrem Worddokument aktualisieren. Um einen anderen Zitierstil für das Dokument auszuwählen, klicken Sie auf das sechste Icon. Wollen Sie Ihr Dokument von Zotero abkoppeln, klicken Sie auf das letzte Icon. Dieser Schritt kann allerdings nicht rückgängig gemacht werden. Nach dem Abkoppeln können Sie diese Literaturangaben nicht mehr über Zotero bearbeiten.

Darstellung 35: Zotero-Plugin in Word

„Toll, was uns Zotero an Tipp- und Formatierungsarbeit abnimmt", zeigt sich Katrin erfreut. „Wenn uns Professor Mustermann Zotero nicht empfohlen hätte, müssten wir all diese Tipparbeiten von Hand aus erledigen. Das wär zeitaufwändig", ergänzt Sabrina und fügt noch hinzu: „So kann ich nicht auf Quellen, die ich in der Vorwissenschaftlichen Arbeit zitiert habe, im Literaturverzeichnis vergessen." Lukas verabschiedet sich mit den Worten: „Ich glaube, ich muss das mit dieser Literaturverwaltungssoftware gleich auf Facebook posten."

Der Anhang

In den Anhang kommen üblicherweise Darstellungen, die im Text nicht untergebracht werden können, weil sie dort eher stören oder sehr viel Platz wegnehmen und deren Integration im Text aus diesen Gründen unpassend wäre. Beispielsweise kommen Materialien wie Fragebögen, Beobachtungsbögen, Interviewleitfäden oder Arbeitsblätter als Vorlagen in den Anhang, ebenso Dokumente, Bildmaterialien, Protokolle etc. Ob jene Internetseiten, aus denen

Sie zitiert haben, als Ausdruck im Anhang miteinzubinden sind, klären Sie am besten mit Ihrer Betreuerin oder Ihrem Betreuer.

Zu beachten ist jedenfalls, dass der Anhang durchnummeriert und jeder Teil mit einer passenden Überschrift versehen wird. Im Textteil ist an der passenden Stelle auf die Materialien im Anhang zu verweisen (mit Ausnahme der zitierten Internetseiten). Sollte die Darstellung einer zitierpflichtigen Quelle entstammen (zB fotokopiert, gescannt etc.), dann müssen Sie unbedingt die verwendete Quelle angeben; diese scheint auch im Literaturverzeichnis als Vollbeleg auf. Der Anhang wird mit allen Überschriften in das Inhaltsverzeichnis aufgenommen.

Die eidesstattliche Erklärung

Manche Schulleitungen werden in der schulinternen Verordnung verlangen, dass der Vorwissenschaftlichen Arbeit auch eine eidesstattliche Erklärung angeschlossen wird. Diese ist handschriftlich mit Vor- und Familiennamen zu unterschreiben und an der vorgeschriebenen Stelle miteinzubinden. Verwenden Sie den Text, der an Ihrer Schule vorgeschrieben ist. Folgend sind zwei unterschiedlich formulierte Erklärungen angeführt:

(01) *„Ich erkläre, dass ich die vorliegende Arbeit selbst verfasst habe und dass ich dazu keine anderen als die angeführten Behelfe verwendet habe. Außerdem habe ich ein Belegexemplar verwahrt."*

(02) *„Ich erkläre, dass ich die vorliegende Arbeit selbst verfasst und dazu keine anderen als die angeführten Behelfe verwendet, die Autorenschaft eines Textes nicht angemaßt und wissenschaftliche Texte oder Daten nicht unbefugt verwertet habe. Außerdem habe ich die Reinschrift der Arbeit einer Korrektur unterzogen und ein Belegexemplar verwahrt. Ferner gebe ich meine Einwilligung zur Veröffentlichung in der Schulbibliothek und online als Volltext."*

Tabellen, Abbildungen und Aufzählungen

Darstellungen wie Tabellen und Abbildungen sind notwendige Bestandteile jeder (vor)wissenschaftlichen Arbeit. Der Umgang mit diesen sollte von Ihnen beherrscht werden.

Abbildungen sind verschiedenste Darstellungen wie eingescannte, kopierte oder auch selbst erstellte Skizzen, Fotografien, Grafiken, Bilder, Teile aus Dokumenten oder Gesetzesauszügen – kurzum alles, was nicht als Aufzählung oder Tabelle gilt.

Jede Abbildung ist mit einer Benennung (passende Überschrift oder Unterschrift) zu versehen und in der Arbeit fortlaufend zu nummerieren. Anzugeben sind immer auch die Quellen. Es ist üblich, jede Abbildung im Text zu kommentieren und auf sie hinzuweisen (zB durch den Zusatz: siehe Abb. XY).

Nicht selten wird im Text **das Aufzählen** von Merkmalen, Daten, Eigenschaften und dergleichen notwendig. Wird diese Aufzählung in den laufenden Text integriert, kann er unnötigerweise lang und vor allem sehr schwer lesbar werden. Tabellen können Abhilfe schaffen. Bei ihrer Erstellung gibt es aber einiges zu berücksichtigen:

1. Es gibt mehrere Möglichkeiten, eine Aufzählung vorzunehmen, in der Regel gilt aber: Wenn Sie sich für eine bestimmte Form entschieden haben, sollten Sie diese die gesamte Arbeit über beibehalten.
2. Tabellen sollten grundsätzlich in einem Rahmen in den laufenden Text eingefügt werden.

3. Stammen die in der Tabelle genannten Daten aus einer zitationspflichtigen Quelle, dann ist diese anzugeben.
4. Die Tabelle wird immer mit einer Benennung (passende Überschrift oder Unterschrift) versehen und nummeriert.
5. Wird eine Tabelle eingefügt, ist zum laufenden Text genügend Freiraum zu lassen.
6. Tabellen sollten prinzipiell im laufenden Text kurz kommentiert werden.
7. Im laufenden Text ist auch auf die Tabellen hinzuweisen (zB durch den Hinweis: siehe Tab. XY).

In der oben angeführten Aufzählung wurde eine Nummerierung mit (01), (02), (03) etc. vorgenommen. Diese Vorgangsweise wäre demnach bei allen Aufzählungen/Tabellen der Arbeit einzuhalten. Ein Hin- und Herwechseln, beispielsweise von ►, ►, ► etc. auf (a), (b), (c) etc. und dann auf ■, ■, ■ etc. ist unkorrekt und sollte daher unterbleiben. Sehr selten kann die besondere Art der Aufzählung dazu zwingen, von diesem Grundsatz abweichen zu müssen, beispielsweise bei Zitationen von Gesetzestexten mit Paragraphenangabe. Eine Tabelle hat eine Über- oder Unterschrift aufzuweisen und ist mit einer fortlaufenden Nummer zu versehen. Stammt die Tabelle aus einer Quelle, ist diese mit „Quelle: XY“ oder „entnommen aus: XY“ anzugeben.

„Ich hab schon ziemlich viel Text geschrieben“, sagt Lukas stolz, „aber immer wieder tauchen Fragen auf.“ – „Und die wären?“, fragt Julia. Lukas: „Wo soll die Seitennummerierung stehen? Ab welcher Seite wird eigentlich mit der Zählung begonnen? Soll jedes Kapitel auf einer neuen Seite begonnen werden?“ David ergänzt: „Bei mir steht manchmal die erste Zeile eines Absatzes auf einer Seite ganz unten und der Rest des Absatzes auf der nächsten Seite; das sieht nicht gut aus. Soll ich das ändern?“ – „Bei uns macht das Gerücht die Runde, wir müssen auch eine englische Kurzzusammenfassung schreiben. Stimmt das?“, fragt Anna. Simon stellt fest: „Nein, wir müssen keine englische Kurzzusammenfassung schreiben, das hab ich in der Prüfungsverordnung gelesen.“

Raum für Notizen

4.7.2 Checkliste 4c „Formale Gestaltung"

Da Ihre abschließende Arbeit eine (vor)wissenschaftliche Zweckschrift ist, gelten bezüglich der äußeren Form ebenfalls einige Vorschriften, an die Sie sich halten sollten.

- ☑ Die Arbeit ist nur einseitig bedruckt, immer auf der rechten Seite.
- ☑ Das Deckblatt ist die erste Seite, wird jedoch nicht paginiert, d.h. nicht mit einer Seitennummer beschriftet.
- ☑ Die eidesstattliche Erklärung ist die Seite zwei, wird jedoch ebenfalls nicht paginiert.
- ☑ Der Abstract (Kurzzusammenfassung) ist die Seite drei und wird auch nicht paginiert.
- ☑ Das Vorwort steht auf Seite vier (keine Paginierung).
- ☑ Das Inhaltsverzeichnis beginnt auf Seite fünf und ist die erste Seite mit Paginierung. Häufig beginnt die Seitenpaginierung auch mit jener Seite der Vorwissenschaftlichen Arbeit, auf der sich die erste Überschrift findet.
- ☑ Abbildungs-, Tabellen- und Abkürzungsverzeichnis stehen auf den nachfolgenden Seiten mit Paginierung oder nach dem Literaturverzeichnis.[55]
- ☑ Die Paginierung wird meist in der Fußzeile rechts unten angebracht.
- ☑ Da im Blocksatz geschrieben werden soll, bildet der rechte Rand eine Linie.
- ☑ Alle Kapitelüberschriften beginnen auf einer neuen Seite, nicht aber die Unterkapitel.
- ☑ Tabellen und Abbildungen sind durch Abstände vom Text abzugrenzen.
- ☑ Die Seitenränder: oben 2,5 cm, unten 2,5 cm, links 3,0 cm, rechts 2,5 cm
- ☑ In der letzten Zeile der Seite steht keine Überschrift mehr; diese sollte auf die nächste Seite gesetzt werden.
- ☑ Jede Seite der Arbeit wird soweit wie möglich mit Text (Times New Roman, Schriftgröße 12 pt, Zeilenabstand 1½ zeilig), Tabellen und Abbildungen ausgefüllt, Leerplätze sind zu vermeiden.
- ☑ Mit der letzten Zeile einer Seite sollte nie ein neuer Absatz begonnen werden bzw. in der ersten Zeile der nächsten Seite sollte nie allein die letzte Zeile eines Absatzes von der Vorderseite stehen.

Raum für Notizen

[55] Vgl. BMUKK 2011, S. 12

4.7.3 Wichtige Stil-Tipps zur Textproduktion

„Ich habe gestern meinen Bruder ein paar Seiten meiner Arbeit lesen lassen", erzählt Julia. – „Und, was sagt er?", fragt Alexander. – „Er meinte, ich würde zu blumig schreiben und muss zuallererst die ‚Ich-Formulierungen' streichen. Außerdem sollte ich noch ein wenig an meinem Stil arbeiten, der wäre noch nicht sachlich neutral." Sabrina: „Was meint er mit sachlich neutral?" – „Ich sehe schon, da brauchen wir wieder mal eine Beratung", schließt Lena.

Sie können in Ihren Ausführungen durchaus pointiert formulieren, ohne dabei umgangssprachliche Wendungen oder einen allzu saloppen Ton zu verwenden. Abgesehen von Irritationen, die ein inadäquater (nicht vorwissenschaftlicher, nicht fachgerechter) Stil beim Lesen Ihrer Arbeit hervorruft, könnten Alltagsausdrücke und naive Formulierungen bei Ihren betreuenden Lehrpersonen den Eindruck erwecken, dass Sie Sachlichkeit (und vorwissenschaftlichen oder fachlichen Ernst) vermissen lassen.

Bedenken Sie, dass in aller Regel die ersten eigenen sprachlichen Formulierungen wie beispielsweise Begründungen, Argumentationen, Anmerkungen, Ergänzungen, Bemerkungen, Einbringen persönlicher Erfahrungen, Ideen etc. das Überlegte nicht in idealer Form ausdrücken. Erst durch mehrfache Überarbeitungen nimmt Ihr Stil in der Arbeit eine adäquate (vorwissenschaftliche), fachgerechte Form an. Grundsätzlich nimmt sich, wie in allen wissenschaftlichen Arbeiten und Facharbeiten auch, die Verfasserin bzw. der Verfasser einer Arbeit als Person zurück und überlässt der Sachlichkeit den Platz. Der Schreibstil sollte möglichst verständlich sein, die Argumentation nachvollziehbar, die Daten und Aussagen müssen eindeutig belegt sein. Es sind weniger die persönlichen Meinungen, Vorlieben oder Einschätzungen als vielmehr die Begründungen der Meinungen von Bedeutung. Es muss immer klar erkennbar sein, auf welche Grundlagen sich Behauptungen beziehen.

Als Schreibstil verwenden Sie den Nominalstil, wie er in wissenschaftlichen, behördlichen und fachsprachlichen Texten üblich ist, und nicht den Verbalstil, der in der Belletristik zur Anwendung kommt. Die Nominalisierung ist eine Umwandlung von einem Verb oder einem Adjektiv zu einem Hauptwort. Vorwissenschaftliche Texte sind eher erkenntnisorientiert als handlungsorientiert. Erkenntnisse werden in Form stabiler Einheiten dargestellt, die solange Gültigkeit besitzen, bis sie widerlegt werden. Für diesen Zweck werden in der deutschen Sprache (und auch in anderen Sprachen wie zB Englisch) Nomina verwendet. Verben dagegen drücken Prozesse aus und sind von ihrer Funktion her eher handlungsorientiert.

Sie müssen allerdings sprachlich präzise zwischen Bericht und Ihrem persönlichen Kommentar unterscheiden. Für eigene Argumentationen verwendet man den Indikativ, für indirekte Zitate von anderen Autorinnen und Autoren den Konjunktiv. Wenn Sie zu einer Frage oder zu einer Aussage in Ihrer Arbeit ausnahmsweise ganz persönlich Stellung nehmen wollen bzw. Ihre Meinungen, Erfahrungen und Haltungen einfließen lassen, dann achten Sie dabei aber auf einige Besonderheiten (siehe Checkliste 4d, Seite 86).

Raum für Notizen

4.7.4 Beispiele 4c „Formulierungen“

Falsch	Richtig
Das ICH-Tabu	
Ich möchte in dieser Arbeit zeigen, dass die Verwendung von Facebook auch Gefahren beinhaltet.	In dieser Arbeit werden Gefahren bei der Verwendung von Facebook aufgezeigt.
Bei meiner Befragung stellte sich heraus, dass die Zahl der Mädchen in rechtsextremen Gruppen im Ansteigen ist.	Die durchgeführte Befragung zeigt ein Ansteigen der Zahl der Mädchen in rechtsextremen Gruppen.
Ich darf beim Schreiben der vorwissenschaftlichen Arbeit das Wörtchen „Ich“ nicht verwenden.	Das Wörtchen „Ich“ darf in der vorwissenschaftlichen Arbeit nicht verwendet werden.
Das Passiv	
Die Autorin XY beschreibt die Entstehung der Krankheit aus psychosomatischer Sicht.	Von der Autorin XY wird die Entstehung der Krankheit aus psychosomatischer Sicht beschrieben.
Ich definiere nun die für die Arbeit relevanten Begriffe.	Die relevanten Begriffe für die Arbeit werden nun definiert.
Die Autoren erklären die Studie über das Freizeitverhalten von Jugendlichen ausführlich.	Die Studie über das Freizeitverhalten von Jugendlichen wird von den Autoren ausführlich erklärt.
Die Nominalisierung	
Wenn ich zitiere, argumentiere ich nachvollziehbar.	Nachvollziehbarkeit wird durch die Verwendung von Zitaten erreicht.
Es dauerte einige Zeit, die Exzerpte anzufertigen.	Das Anfertigen der Exzerpte dauert einige Zeit.
Es kommt darauf an, die Gedanken nachvollziehbar darzustellen.	Es kommt auf die Nachvollziehbarkeit der Gedanken an.
Formelle Sprache	
Diese Studie ist hervorragend erläutert!	Die Erläuterungen zur Studie sind verständlich verfasst.
Die Untersuchung zeigt, dass es wahnsinnig wichtig ist, dass Jugendliche über gesunde Ernährung informiert werden.	Die Ergebnisse der Studie belegen die Bedeutung des Wissens von Jugendlichen über gesunde Ernährung bezüglich einer gesunden Lebensführung.
Das Experiment zeigt die schlechte Auswirkung von Nikotin auf den Sauerstoffgehalt im Blut.	Die negative Auswirkung von Nikotin auf den Sauerstoffgehalt im Blut wird vom Experiment nachgewiesen.

Raum für Notizen

4.7.5 Checkliste 4d „Textformulierung“

- ☑ Verwenden Sie eine klare Sprache (sachlich, neutral und eindeutig), kurze Sätze und den in wissenschaftlichen und fachsprachlichen Texten üblichen Nominalstil an Stelle von Verbalstil, der eher der Belletristik vorbehalten bleibt.
- ☑ Gehen Sie sparsam mit direkten Zitaten um und schreiben Sie Abkürzungen aus.
- ☑ Verwenden Sie beim Formulieren eigener Argumentationen, Begründungen, Meinungen, Erfahrungen und Haltungen nicht die ICH-Form – die einzige Ausnahme ist das Vorwort. Von einer ICH-Form in der Einleitung raten wir ab.
- ☑ Vermeiden Sie Endlosaufzählungen, Wortwiederholungen, umgangssprachliche Formulierungen und die Formulierung „Nach Ansicht der Verfasserin bzw. des Verfassers ...“.
- ☑ Eigene Gedanken können mit Umschreibungen wie „dem kann entgegengehalten werden ...“, „dazu ist zu bemerken ...“, „hierzu wird festgehalten ...“ oder „dem wäre hinzuzufügen ...“ formuliert werden.
- ☑ Unterlassen Sie (die in der Regel unangemessenen) Adverbien und Füllwörter wie „wohl ...“, „fast ...“, „irgendwie ...“, „eigentlich“, „an und für sich ...“, „natürlich ...“, „selbstverständlich ...“, „nun ...“ „gewissermaßen ...“, „wahrscheinlich ...“, „vielleicht ...“ etc.
- ☑ Leiten Sie einen Satzübergang nicht mit der unangemessenen Feststellung „übrigens ...“ ein oder aus.
- ☑ Vermeiden Sie in jedem Fall unnötige Phrasen wie „es wird festgestellt ...“, „man ...“ oder „so sagt man ...“.
- ☑ Vermeiden Sie die Formulierung „Es ist wichtig, dass ...“. Wenn Sie diese Formulierung unbedingt verwenden wollen, dann begründen Sie, für wen, aus welcher Perspektive und zu welchem Zweck etwas wichtig sein soll.
- ☑ Unangebracht ist die ungefragte Einbeziehung der Leserschaft etwa in der Art von „... wir kommen zu dem Schluss, dass ...“.
- ☑ Ein weiterer Hinweis: Häufig sind Arbeiten mit sogenannten dass-Sätzen überfrachtet. Dies können Sie vermeiden, indem Sie in dass-Konstruktionen den einleitenden Satzteil auf ein einziges Wort reduzieren. Also statt „Es ist bekannt, dass ...“ wäre die Formulierung: „Bekanntlich ...“ besser.
- ☑ Achten Sie auf einen geschlechtergerechten Sprachgebrauch.

Raum für Notizen

4.8 Beispiele 4d, e, f

d) Vorwort

Das Thema zu der vorliegenden Arbeit war mir ein besonderes Anliegen, da ich schon seit meinem 11. Lebensjahr soziale Netzwerke selbst nutze. Der ständige Kontakt zu meinen persönlichen „Freunden" machte mir immer Spaß. Oft wurde ich von verständnislosen Erwachsenen ob der Risiken gewarnt. Niemand nahm sich aber die Zeit, mir genau darzulegen, was eigentlich „so gefährlich" an der Nutzung von „Facebook" sei.
Alle meine Schulkolleginnen und Schulkollegen benutzen auch Facebook. Daher stellte ich mir folgende generelle Fragen: „Was fasziniert Jugendliche an digitalen sozialen Netzwerken?" und „Was soll eigentlich an Facebook so problematisch sein?"
Herr Professor Mag. Manfred Muster war mit dem Themenbereich einverstanden und übernahm dankenswerterweise die Betreuung. Er hat mich stets geduldig und verständnisvoll unterstützt wie auch ermutigt und mir immer wieder produktive Rückmeldungen während des gesamten Verlaufs der Bearbeitung zukommen lassen.
An dieser Stelle möchte ich mich auch bei allen Mitschülerinnen und Mitschülern, die an meiner Befragung teilgenommen haben, herzlich bedanken.

Wien, 15. Februar 2015

Julia Jedermann

e) Konzept mit Erwartungshorizont

Kandidatin: Julia Jedermann *Betreuer: Prof. Mag. Manfred Muster*
Themenbereich: Digitale soziale Netzwerke
Titel: Zu den Chancen und Risiken von Facebook für Jugendliche
Untertitel: Eine schriftliche Befragung von Schülerinnen und Schülern des Gymnasiums XY
Fragestellung: Welche Bedeutung messen Schülerinnen und Schüler des Gymnasiums XY sozialen Netzwerken wie Facebook im Hinblick auf Nutzungs- und Gefahrenpotenziale bei?
Für diese Vorwissenschaftliche Arbeit werden 50 Userinnen/User mit einem Fragebogen bezüglich des Ausmaßes des Netzgebrauches befragt. Weiters werden Ängste vor Verlust der Privatsphäre einerseits und auch die Bereitschaft zum Darstellen im Allgemeinen im Netz erfasst.

Raum für Notizen

Zielsetzung

In der heutigen Zeit sind der Umgang mit dem Computer und die Verwendung des Internets aus unserem Alltag nicht mehr wegzudenken. Das World Wide Web bietet fast unbegrenzte Möglichkeiten. Informationen zu sammeln und Freunde zu kontaktieren, geht einfach und schnell. Noch dazu macht es Spaß. Daher wurden digitale soziale Netzwerke immer beliebter und viele „unter 30" sind inzwischen sogenannte UserInnen. Von Privatsphäre kann schon lange keine Rede mehr sein, behaupten viele Eltern und Großeltern. Im Rahmen dieser Vorwissenschaftlichen Arbeit wird folgenden Fragen auf den Grund gegangen:
Welche wirtschaftlichen und sozialen Bedeutungen haben digitale soziale Netzwerke?
Welche Beitrittsmotive haben Jugendliche?
Welche Bedeutung messen Jugendliche Facebook und Co im Hinblick auf Datenfreigabe bei?
Wie schützen sie ihre Privatsphäre?

Vorgehensweise/Methodik

Ein Teil der Arbeit soll den Erkenntnisgewinn aufgrund von Literaturrecherche und Literaturarbeit ausmachen. Hierbei werden die vielfältigen Möglichkeiten des Internets im Allgemeinen kurz erläutert und analysiert. Im Speziellen wird auf die wirtschaftliche und soziale Bedeutung eingegangen sowie auf die Beitrittsmotive und Verwendung von sozialen Netzwerken. Aktuelle Untersuchungen und Forschungsergebnisse sollen zusätzlich zur Argumentation herangezogen werden.
Im zweiten Teil wird eine schriftliche Befragung von Schülerinnen und Schülern der Oberstufe durchgeführt werden. Dabei werden die Beitrittsmotive, Einstellungen bzw. Meinungen und das konkrete Verhalten im Bereich virtueller Freundschaften, Verwendung, Häufigkeit, Datenschutz, Nutzungsabhängigkeit sowie die Auswirkungen (Gefahren, Risiken) abgefragt. Auf Basis der Ergebnisse der Datenanalyse des Fragebogens werden die positiven und negativen Aspekte der Nutzung von digitalen sozialen Netzwerken am Beispiel Facebook erörtert werden.
Den Abschluss der Arbeit soll die Zusammenführung der Erkenntnisse aus der Literaturrecherche und der Fragebogenanalyse bilden.

f) Vorläufiges Literaturverzeichnis

Faerman, Juan (2010): *Faceboom. Wie das soziale Netzwerk Facebook unser Leben verändert.* München: Südwest Verlag

Grosser, Uwe (2009): *(K)Ein Ende der Privatheit. Strategien zur Sensibilisierung junger Menschen beim Umgang mit Daten im Internet.* Berlin: Raben Stück Verlag

Kneidinger, Bernadette (2010): *Facebook und Co. Eine soziologische Analyse von Interaktionsformen in Online Social Networks.* Wiesbaden: Verlag für Sozialwissenschaften

Lechte, Yasmin (2010): *Social Media Marketing in der Kommunikationspolitik.* Hochschule für Angewandte Wissenschaften Hamburg: Bachelorarbeit. URL: http://opus.haw-hamburg.de/volltexte/2011/1287/pdf/Tamancoldi_Lechte_Yasmin_100914.pdf [10.8.2010], S. 13–35

Schmidt Jan-Hinrik, Paus-Hasebrink, Ingrid, Hasebrink, Uwe (Hrsg.) (2011): *Heranwachsen mit dem Social Web. Zur Rolle von Web 2.0-Angeboten im Alltag von Jugendlichen und jungen Erwachsenen.* Düsseldorf: Vistas Verlag

Schwindt, Anette (2010): *Das Facebook-Buch.* Köln: O'Reilly Verlag

Vollbrecht, Ralf, Wegener Claudia (Hrsg.) (2010): *Handbuch Mediensozialisation.* Wiesbaden: Verlag für Sozialwissenschaften

4.9 Üben 4

Legen Sie vorweg in einem geeigneten Textverarbeitungsprogramm eine **Formatvorlage** nach den schulinternen Richtlinien (zB Seitenränder usw.) an! Fügen Sie nach dem Deckblatt (siehe Beispiel 4a, S. 74) und vorläufig zwei Leerseiten (Abstract und ev. Vorwort) auch ein entsprechendes Inhaltsverzeichnis ein (siehe Beispiel 4b, S. 76) und danach können Sie die Übungsaufgaben und Textbausteine jeweils in diese Vorlage schreiben.

1. Verfassen Sie ein kurzes **Vorwort** mit Ihrem ganz persönlichen Zugang zum Thema (siehe Beispiel 4d, S. 87).
2. Verfassen Sie auf Grundlage Ihres Arbeitstitels und Ihrer Fragestellung(en) eine Einführung in die Problematik (**Konzept mit Erwartungshorizont,** siehe Beispiel 4e, S. 87 f.). Schreiben Sie drei Absätze, in denen Sie die Relevanz Ihres Vorhabens beschreiben, den Fragenkomplex samt Zielvorstellungen erläutern und erste Überlegungen zu Ihrer Vorgehensweise formulieren. Seien Sie sachlich und neutral in Ihren Formulierungen.
3. Verfassen Sie **eine Seite Fließtext** aus einem beliebigen Kapitel Ihrer Vorwissenschaftlichen Arbeit. Halten Sie die Vorgaben zur Zitation (Kurzbeleg im Text oder in der Fußnote, Vollbeleg im Literaturverzeichnis) und zum Stil ein (siehe Kap. 3). Es soll ein direktes und ein indirektes Zitat enthalten sein sowie eine Quelle aus dem Internet (ev. pdf-File aus Übung 1, siehe auch Beispiel 4f „Lechte Yasmin", S. 88).
4. Beginnen Sie ein **Literaturverzeichnis** (Vorzugsweise mit Zotero), in das Sie zumindest jene Literatur aufnehmen, die Sie in Ihrem Text bereits verarbeitet haben (siehe *Üben 3*, S. 68).
5. Heften Sie die Druckversion der Arbeitsaufträge (Üben) 1–4 in Ihrer VWA-Mappe ab.

Skizzieren Sie hier Ihr Deckblatt!

4.10 TOP FIVE 4

Beachten Sie, dass ...

1. eine Vorwissenschaftliche Arbeit zwischen 40.000 und 60.000 Zeichen (inklusive Leerzeichen) haben muss.
2. die Arbeit ganz bestimmte formale Bausteine vom Deckblatt bis zum Literaturverzeichnis hat.
3. die Gliederung der Arbeit bestimmte Kriterien erfüllen muss.
4. es für das Layout der Arbeit konkrete Vorschriften gibt.
5. der Text in einem sachlich neutralen Schreibstil verfasst wird.

Die Jugendlichen stellen sich folgende Fragen:

Wie soll ich die Arbeit im Rahmen der mündlichen Matura präsentieren?
Wie lange soll/darf/muss ich sprechen?
Welche Hilfsmittel können verwendet werden?
Was muss ich unbedingt erwähnen?

Für Schülerinnen und Schüler stellt die Präsentation vor der Prüfungskommission in gewisser Weise den Höhepunkt des langen Arbeitsprozesses dar. Der Reiz, aber auch die Unsicherheit bei der Präsentation im Rahmen der mündlichen abschließenden Prüfung liegt in der Freiheit. Das Ziel der Präsentation ist, die Vorstellung relevanter inhaltlicher Teilbereiche Ihrer Vorwissenschaftlichen Arbeit und Ihren persönlichen Zugang zum Thema zu erläutern. Erwartet wird ein Problemaufriss und nicht lediglich eine Inhaltsangabe. Zum Zwecke der Disputation sollen in der anschließenden Diskussion fachliche Fragen zur Arbeit präzise, klar und verständlich beantwortet werden, um das eigenständige Arbeiten unter Beweis zu stellen. Für die Präsentation und Diskussion der Vorwissenschaftlichen Arbeit stehen insgesamt zehn bis 15 Minuten zur Verfügung, wobei die Präsentation nicht den überwiegenden Teil der Zeit einnehmen soll[56].

[56]Vgl. BMUKK 2013b, S. 24

5.1 Präsentation

Es gibt mehrere Möglichkeiten der Präsentation einer Vorwissenschaftlichen Arbeit. Die traditionelle Form wäre das mündliche Prüfungsgespräch. Ein Handout könnte den Mitgliedern der Kommission vor Beginn der Präsentation vorgelegt werden, um diese besser verfolgen zu können. Bei Verwendung eines Overheadprojektors können Sie vorbereitete Folien auflegen, die Sie in Ihrer Präsentation unterstützen. Eine Flipchart kann bei kurzfristig auftauchenden Fragen seitens der Kommission gute Dienste leisten. Für eine computerunterstützte Präsentation mit einem entsprechenden Programm spricht, dass der Umgang mit neuen Medien dokumentiert wird und diese Arbeitsweise eine gezielte Vorbereitung auf die Studien- und Arbeitswelt darstellt. Je nach Vereinbarung kann ein Teil der Präsentation bereits zuhause vorbereitet werden.

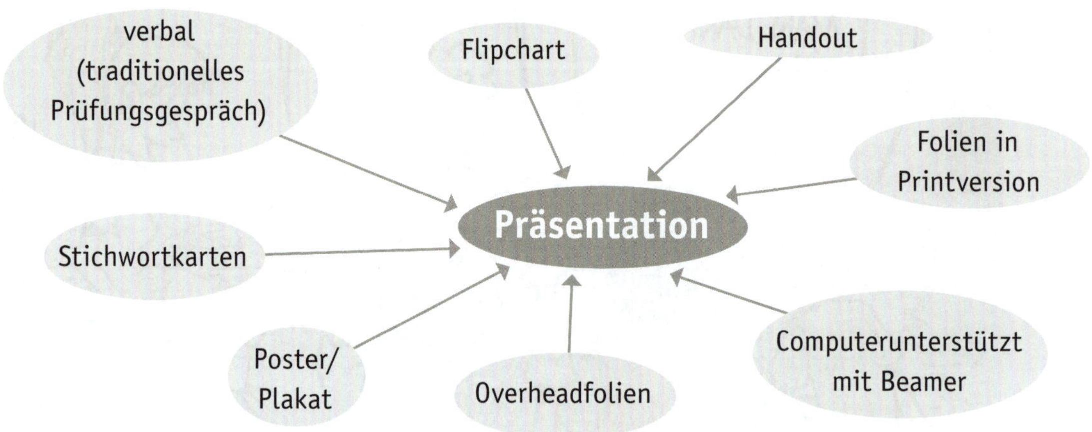

Darstellung 36: Formale Gestaltungsmöglichkeiten der Präsentation[57]

Ihre Präsentation sollten Sie auf 5 bis 7 Minuten Länge ausrichten. Der Inhalt und die Gestaltung unterliegen keiner exakten gesetzlichen Regelung. Präsentationsmittel (zB Folien, Flipchart) unterstützen Ihre verbale Präsentation. Sie sind nicht Selbstzweck, sondern dienen zur Ergänzung und Verdeutlichung des Inhalts. Das bedeutet, dass es sich bei einer guten Präsentation keinesfalls um reines Ablesen handeln darf. Im Mittelpunkt der Präsentation stehen Sie mit Ihrer Arbeit. Die Präsentationsmittel unterstützen lediglich Ihren in freier Rede zu haltenden Vortrag und ermöglichen den Zuhörerinnen und Zuhörern das Einordnen in den Kontext Ihrer Ausführungen. Verzichten Sie auf Präsentationskärtchen, von denen Sie während des Vortrags Stichwörter ablesen wollen. Über ihre eigene Arbeit sollten Sie in freier Rede Auskunft geben können.

Raum für Notizen

[57] Vgl. Karmasin & Ribing 2007, S. 69

5.1.1 Checkliste 5a „Präsentationsinhalte“

Klassischer Verlauf einer Präsentation

Insgesamt müssten 5–10 Folien ausreichend sein (Richtwert: pro Folie 1 Minute Sprechzeit)

- ☑ **Eröffnung**
  Was ist mein Thema? (Titel, Untertitel, Name)
- ☑ **Relevanz der Problematik und Beweggründe für die Themenwahl**
  Wie bin ich darauf gekommen? Warum ist mein Thema interessant?
- ☑ **Problemstellungen**
  In welchem wissenschaftlichen Themenbereich ist es angesiedelt? Wie lautet meine Fragestellung?
- ☑ **Methode**
  Wie (mit welcher Methode) habe ich die Fragestellung beantwortet?
- ☑ **Arbeitshypothesen, Kurzinhalt**
  Von welchen Vorannahmen bin ich ausgegangen und warum?
- ☑ **Erkenntnisse**
  Was sind die (drei) wichtigsten Ergebnisse?
- ☑ **Zusammenfassung und Ausblick**
  Was möchte ich zusammenfassend noch sagen? Welche Bedeutung gebe ich meinen Erkenntnissen?

„Jetzt versteh' ich, was meine Präsentation sein soll“, stellt Julia fest und Alexander ergänzt: „Eine kurze und klare Darstellung des Problems und der Ergebnisse meiner schriftlichen Arbeit.“ „Höchstens sieben Minuten darf sie dauern – da muss man sich schon auf das Wesentliche konzentrieren“, meint David nachdenklich. „Und meinen persönlichen Zugang zum Thema muss ich auch noch unterbringen“, murmelt Sabrina. Selbstbewusst meint Julia: „Ich werde meine Arbeit mit PowerPoint und Beamer präsentieren.“ „Worauf soll man denn bei der Erstellung von Folien achten?“, fragt David.

Raum für Notizen

5.1.2 Checkliste 5b „Foliengestaltung"

Gestaltungsprinzipien

- gute Sichtbarkeit und Lesbarkeit gewährleisten (für das Auge angenehm ist eine helle Schrift auf dunklem Hintergrund)
- Text-Bild-Kombinationen verwenden (reine Textfolien sollen die Ausnahme bleiben)
- Folien nicht überladen (7er-Regel: nicht mehr als 7 Zeilen (Punkte) pro Folie, nicht mehr als 7 Wörter pro Punkt)
- nur Stichwörter schreiben, keine ganzen Sätze
- Animationen vermeiden; nur dann, wenn sie wirklich sinnvoll sind
- einheitliche Schriftart verwenden, Schriftgröße 16 pt nicht unterschreiten
- keine Unterstreichungen, keine Schattierungen
- auf Harmonie der Farben achten (u.U. von Programmen vorgeschlagene Farb- und Layoutdesigns verwenden)
- Strukturierung durch Schriftgröße, Einrückungen, Aufzählungszeichen, Tabellen, Graphiken etc.

Zusätzliche Tipps für die Präsentation

Inhalte
- Ziel: Reduktion der Komplexität
- Motto: Weniger ist mehr!
- Aufgabe: Verstehbar machen, verschönern, verstärken
- keine Sätze, sondern Wörter; wichtige Begriffe
- kein Abbild der Rede, keine selbsterklärenden Grafiken

Schriftarten
- serifenlose Schriften (Helvetica, Arial etc.) verwenden
- serifenbetonte Schriften (Times New Roman, Courier, Garamond etc.) vermeiden
- keine Schreibschriften
- Widersprüche vermeiden zwischen Schrift und Inhalt (zB High-Tech-Inhalt in WESTERN-SALOON-Schrift)
- Schriftschnitte und Satzauszeichnungen wie *kursiv*, **fett**, g e s p e r r t, unterstrichen sparsam verwenden

Schriftgröße für Überschriften
- 32 Punkt (normal)
- 40 Punkt (groß)
- 44 Punkt (sehr groß)

Schriftgröße und -abstand im Text
- am besten 24–28 Punkt
- unter 16 Punkt: unlesbar
- keine Fußnoten und verkleinerte Kommentare
- Zeilenabstand mindestens zweizeilig

Farben
- insgesamt nicht mehr als vier Farben verwenden
- Rot: hervorhebend, aber aggressiv
- Blau: beruhigend, augenfreundlich (nicht aber auf Schwarz)
- Grün: beruhigend, augenfreundlich (nicht aber: Hellgrün auf Weiß)
- Gelb: Signalfarbe, optisch „sauer", nicht warm

Animationen und Folienübergang
- keine verspielten Animationen
- wenig bewegte GIFs
- nur absolut notwendige Bilder und Zeichen
- keine allgemein gebräuchlichen Cliparts (die jeder kennt)
- Farbverläufe sind nicht notwendig (Welche Bedeutung könnten sie haben?)

Absolute „No-Gos" sind
- Textübergänge und Einfügungen Wort für Wort ins Bild gerückt
- Wörter, die buchstabenweise auftreten (zB „Farbschreibmaschine")
- zeilenweises „Rumgeklicke" (ist überflüssig)
- akustische Marken und Signale („palimpalim")
- langwieriges Starten der Präsentation mit der Maus; verwenden Sie stattdessen Shortcuts (<F5> Starten der Präsentation, <Esc> Beenden, <Shift> + <F5> Starten mit der aktuell angezeigten Folie, <Leertaste> nächste Folie, <Rückschritttaste> vorige Folie)

Generalprobe
- technische Voraussetzungen sicherstellen bzw. veranlassen
- Präsentation in doppelter Ausführung mitbringen (Speichermedium und Ausdruck)
- Probepräsentation (nach Möglichkeit im Präsentationsraum)

Raum für Notizen

5.1.3 Beispiel 5a „Folien“

Richtig

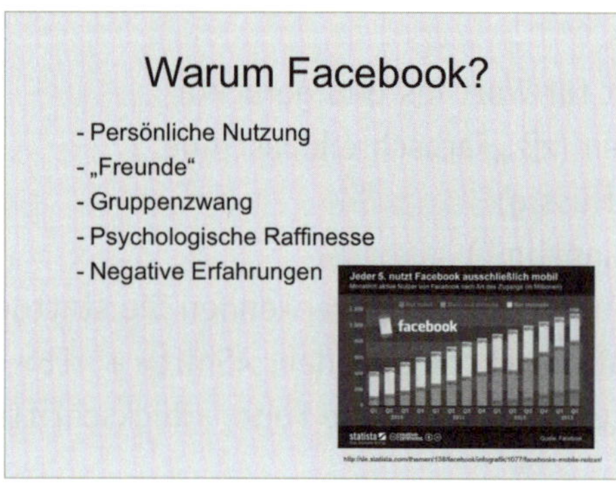

Falsch

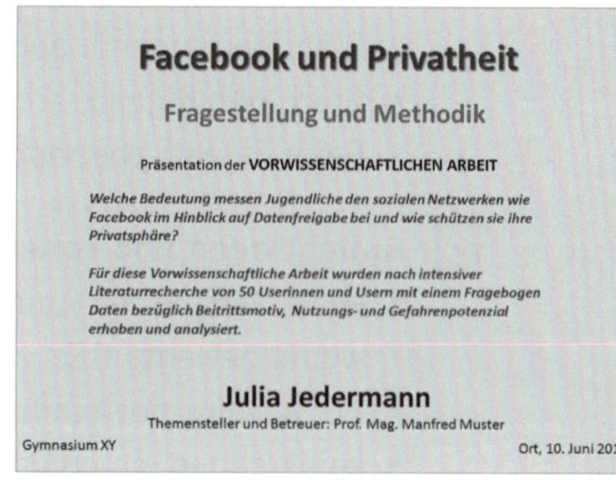

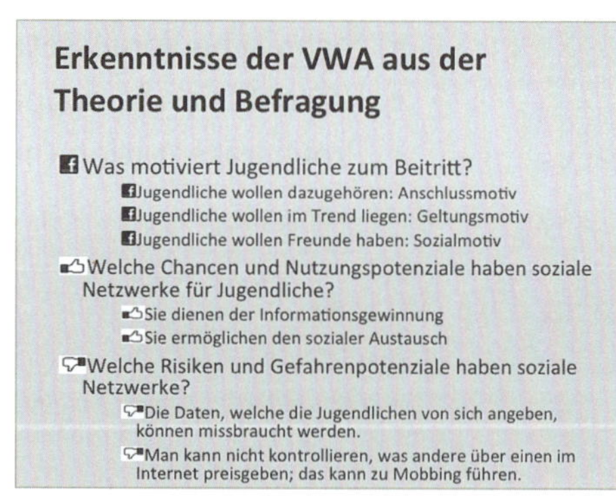

„In der Kürze liegt die Würze!“, stellt David fest. Katrin stimmt ihm zu: „Genau! Die Folien dürfen nicht überladen sein. Sonst findet sich niemand zurecht.“ „Außerdem würden solche vollgestopften Folien nur von meinem Vortrag ablenken“, fügt Alexander hinzu. Julia schließt sich den Meinungen an: „Eine klare und schlichte Struktur ist wichtig und: Weniger ist tatsächlich mehr!“

Raum für Notizen

5.2 Handout

„Die Präsentation hab ich schon fertig, aber beim Handout häng ich noch", meint David unsicher. Katrin fragt: „Wie sollte denn so ein Handout eigentlich aussehen, was sollte drinnen stehen?" „Wie ausführlich und wie lange sollte es sein?", ergänzt Alexander. „Ich werde mich mal schlau machen und ein wenig recherchieren – kann ich mittlerweile ja ganz gut", gibt sich Lena zuversichtlich.

Das Handout ist eine visuelle Gedankenstütze zur mündlichen Präsentation und keine „Mitlesehilfe". Es kann den Mitgliedern der Prüfungskommission als Anker dienen, um die wesentlichen zentralen Aspekte der Arbeit immer im Blickfeld zu haben und sich im zeitlichen Verlauf der Präsentation zu orientieren.

5.2.1 Checkliste 5c „Handout"

☑ **Format**
- maximal eine A4-Seite lang
- Maschinenschrift (nicht handgeschrieben)
- großzügig gestaltet (wenig Text, viel Zwischenraum)

☑ **zwingende Angaben**
- Ihr Name
- Name der betreuenden Lehrperson
- Titel der Arbeit

☑ **Gestaltung**
- farblich sparsam gestaltet
- nur Schlagworte („Headlines"), keine ganzen Sätze
- enthält die wichtigsten Stichwörter
- darf auch eine Graphik und/oder ein Bild enthalten
- dem chronologischen Verlauf der Präsentation angepasst

„Alles klar, maximal eine Seite", hält Lena fest und Katrin fügt noch hinzu: „Die zentralen Begriffe muss ich draufschreiben, aber alles schön der Reihe nach, wie im Vortrag und nicht dicht gedrängt." „Schlagworte, keine ganzen Sätze und höchstens eine Graphik", meint Alexander. David stellt fest: „Ich füge die Statistik meiner Befragung hinzu, das ist mein zentrales Ergebnis!"

Raum für Notizen

5.2.2 Beispiel 5b „Handout"

Verfasserin: Julia Jedermann
Betreuer: Mag. Manfred Muster

Zu den Chancen und Risiken von Facebook für Jugendliche

Welche Bedeutung messen Schülerinnen und Schüler des Gymnasiums XY sozialen Netzwerken wie Facebook im Hinblick auf Nutzungs- und Gefahrenpotenziale bei?

- soziale Netzwerke im Internet
  - Entstehung
  - wirtschaftliche Bedeutung
  - soziale Bedeutung
- Beitrittsmotive von Jugendlichen
  - Anschlussmotiv
  - Geltungsmotiv
  - Sozialmotiv
- Chancen/Nutzungspotenziale
  - Informationsgewinnung
  - sozialer Austausch
- Risiken/Gefahrenpotenziale
  - Datenmissbrauch
  - Mobbing

Methode: Literatur- und Internetrecherche, Analyse von Fragebogendaten

Raum für Notizen

5.3 Diskussion

„Ich bin schon gespannt, wie so eine Diskussion abläuft", meint Katrin nachdenklich. „Hoffentlich fragen sie mich nichts, was ich in meiner Arbeit nicht behandelt habe, aber vielleicht doch dazugehören würde", gibt Sabrina zu bedenken. „Na, das wär aber nicht o.k.!", meldet sich Alexander zu Wort, „in den verbleibenden acht Minuten möchte ich schon zu meiner Arbeit befragt werden und nicht zu irgendwelchen anderen Dingen, die auch von meinem Thema betroffen sein könnten." „Was ich gehört habe, wird man ausschließlich zur Arbeit befragt", beruhigt Lena die anderen.

Im Diskussionsteil, der auf die Präsentation folgt, sollen Sie Fragen zur Arbeit und zur Präsentation verständlich und inhaltlich korrekt beantworten. Sie sollen Ihre Diskursfähigkeit, die initiative Mitgestaltung des Gesprächs und Ihre Argumentationsfähigkeit nachweisen. Die Diskussion wird sich im Sinne einer Disputation auf Ihre schriftliche Arbeit beziehen und wegen der zeitlichen Beschränktheit keine Fragen über das Umfeld des Themas in den Mittelpunkt stellen. Geführt wird das Gespräch von Ihrer Prüferin oder Ihrem Prüfer. Die Prüfungskommission kann, muss sich aber nicht in das Gespräch einbringen[58].

Checkliste 5d „Diskussion"

Die an Sie gerichteten Fragen konzentrieren sich auf die schriftliche Arbeit und betreffen:

- ☑ **die inhaltliche Klärung (Verständnisfragen)**
- ☑ **vertiefende Fragen zur Herstellung von Bezügen oder zur Vernetzung**
- ☑ **Fragen zur Methodik und Arbeitsweise**

Raum für Notizen

[58]Vgl. BMUKK 2013, S. 25

5.4 Üben 5

Nun geht es los!

Skizzieren Sie Ihre 5 bis 10 Präsentationsfolien. Was sollte darauf stehen?

FOLIE 1 **Eröffnung:** Was ist mein Thema? (Titel, Untertitel, Name)	**FOLIE 2** **Relevanz und Beweggründe:** Wie bin ich darauf gekommen? Warum ist mein Thema interessant?
FOLIE 3 **Problemstellungen:** In welchem wissenschaftlichen Themenbereich ist es angesiedelt? Wie lautet meine zentrale Fragestellung?	**FOLIE 4** **Methode:** Wie (mit welcher Methode) habe ich die Fragestellung beantwortet?
FOLIE 5 **Arbeitshypothesen, Kurzinhalt:** Von welchen Vorannahmen bin ich ausgegangen und warum?	**FOLIE 6** **Erkenntnisse:** Was sind die drei wichtigsten Ergebnisse?

FOLIE 7

Zusammenfassung und Ausblick:

Was möchte ich zusammenfassend noch sagen? Welche Bedeutung gebe ich meinen Erkenntnissen?

Skizzieren Sie ein Handout zu Ihrer Vorwissenschaftlichen Arbeit:

Welche zentralen Stichworte müssen unbedingt draufstehen?	Welche Graphik eignet sich besonders gut (zB zur Darstellung der Ergebnisse)?

5.5 TOP FIVE 5

1. Beachten Sie beim Erstellen Ihrer Präsentation sowie des Handouts die inhaltlichen und formalen Gestaltungskriterien!

2. Erstellen Sie zum Üben vorerst Präsentationskärtchen, die Sie nach und nach weglassen!

3. Präsentieren Sie vor einem kritischen Publikum (Familie, Freunde) oder videographieren Sie Ihre Präsentation, um das Video anschließend kritisch zu analysieren!

4. Halten Sie Augenkontakt zum Publikum und sprechen Sie ruhig, klar und verständlich!

5. Stoppen Sie die Zeit für Ihre Präsentation!

Die Jugendlichen stellen sich folgende Fragen:

Nach welchen Kriterien wird die abschließende Arbeit (VWA) beurteilt?
Worauf achtet die Beurteilerin bzw. der Beurteiler besonders?
Wie wird die Präsentation benotet?
Worauf kommt es bei der Diskussion an?
Woraus setzt sich die Ziffernnote zusammen?

6.1 Abschließende Arbeit

6.1.1 Beurteilungsrichtlinien

Generell sind die Leistungen der Prüfungskandidatinnen und Prüfungskandidaten bei den abschließenden bzw. Vorwissenschaftlichen Arbeiten einschließlich der Präsentationen samt Diskussionen als Teil der Reifeprüfung von den Prüfungskommissionen zu beurteilen. Die Prüfungskommissionen wiederum stützen sich dabei auf die begründeten Anträge (Gutachten) der Prüferinnen bzw. Prüfer der abschließenden Arbeiten[59]: „Die Aufgabenstellung der abschließenden Arbeit (...) ist darüber hinaus unter Beachtung des Bildungszieles der jeweiligen Schulart (Schulform, Fachrichtung) so zu gestalten, dass der Prüfungskandidat umfangreiche Kenntnisse und die Beherrschung von dem jeweiligen Prüfungsgebiet oder der jeweiligen Fachdisziplin angemessenen Methoden sowie seine Selbständigkeit bei der Aufgabenbewältigung und seine Fähigkeit in der Kommunikation und Fachdiskussion im Rahmen der Präsentation und Diskussion unter Beweis stellen kann."[60] Zusammenfassend sollen Sie mit Ihrer Arbeit Ihre Studierfähigkeit unter Beweis stellen.

[59]SchUG, BGBl. Nr. 52/2010, § 38 (2)
[60]SchUG, BGBl. Nr. 52/2010, § 37 (3)

Gleichzeitig regelt der Verordnungsgeber die Arbeiten, insbesondere aber deren Beurteilung, mit nur wenigen Bestimmungen, die darüber hinaus in der Anwendung einen verhältnismäßig großen Ermessensspielraum zulassen. Wenn die abschließende Arbeit eine erste wissenschaftsangenäherte Auseinandersetzung mit einer konkretisierten Fragestellung innerhalb einer gewählten Thematik ist, dann sollte diese Vorgabe von den Schülerinnen und Schülern eingefordert und auch der Beurteilung zugrunde gelegt werden. Der Schwerpunkt liegt einerseits auf der Selbstständigkeit und andererseits auf den Kenntnissen. Somit bildet neben der Methodenkompetenz und den fachlichen Kenntnissen ganz besonders die Eigenständigkeit im Denken und Arbeiten ein wesentliches Kriterium der Beurteilung. Es geht also bei der Beurteilung nicht nur um das Produkt, sondern auch um den Prozess. In einer Beschreibung der Vorwissenschaftlichen Arbeit werden die Vorzüge und Schwächen der Arbeit formuliert, wobei auf unterschiedliche Kriterien Bezug genommen wird. Es soll Außenstehenden einen guten Überblick über die Qualität der Arbeit und den dahinterstehenden Arbeitsprozessen liefern. Die Beschreibungen werden in der Regel einen Umfang von ein bis zwei A4-Seiten haben. Als sehr hilfreich erweist sich eine Kombination aus formalisierter Kategorienbewertung und verbaler Beschreibung. Die Gesamtbeurteilung setzt sich aus den Beurteilungen Ihrer schriftlichen Arbeit und der Präsentation zusammen und besteht aus einer in der Schule üblichen Ziffernote.

6.1.2 Vorgehen beim Beurteilen

Begleitprotokoll

Da das Begleitprotokoll die Art der Durchführung der Arbeit prozessorientiert offenlegt und der schriftlichen Arbeit anzuschließen ist, bietet es eine wertvolle Hilfe, den Prozess zu beurteilen. Es liefert auch Hinweise auf möglichen Plagiarismus bzw. auf Ghostwriting, wenn nämlich im Prozess deutliche zeitliche Lücken erkennbar sind oder vereinbarte Konzeptteile lückenhaft, nicht zeitgerecht oder nie abgegeben wurden und die Arbeit dennoch in einer qualitativ akzeptablen Form abgegeben wurde.

Einige Internetseiten leisten gute Dienste beim Erkennen von Plagiarismus. Die auf dem Markt angebotenen Plagiat-Erkennungssysteme lassen sich derzeit drei Kategorien zuordnen: (1) teilweise nützlich, (2) kaum brauchbar und (3) nutzlos. Teilweise nützliche Systeme erbringen mit Hilfe einer Suchmaschine und drei bis fünf Wörtern eines verdächtigen Absatzes bereits erste Plagiatsindizien. Solche Systeme sind beispielsweise PlagAware, Turnitin, Ephorus, PlagScan oder Urkund. Doch selbst die besten Systeme finden höchstens 60 bis 70 Prozent der plagiierten Anteile.[61]

Abschließende Arbeit

Um eine fertige Vorwissenschaftliche Arbeit entsprechend beurteilen zu können, sollten sie einer bestimmten Systematik folgend gelesen werden. In Anlehnung an Karmasin und Ribing[62] wird folgende Vorgangsweise empfohlen:

- Der Problemaufriss gibt erste Anhaltspunkte über die Themenstellung und die daraus abgeleitete(n) Fragestellung(en). Gleichzeitig wird die Vorgangsweise aufgezeichnet, wie die Schülerin oder der Schüler die Problemlösung plant.
- Die Zusammenfassung am Ende des Textteils informiert, zu welchen Ergebnissen die Schülerin oder der Schüler gekommen ist und ob diese der Themenstellung und Forschungsfrage(n) entsprechend formuliert und dargestellt sind.

[61] Vgl. URL: http://plagiat.htw-berlin.de/software/2010-2/ [25.8.2011]
[62] Vgl. 2007, S. 33

- Das Inhaltsverzeichnis vermittelt einen ersten Eindruck der inhaltlichen Gliederung und darüber, ob die wesentlichen inhaltlichen Bausteine abgearbeitet wurden.
- Mit dem Thema werden aus Sicht der beurteilenden Lehrpersonen immer auch bestimmte Quellen (Bücher, Beiträge in Zeitschriften, Forschungsberichte etc.) verbunden. Daher ist eine Kontrolle des Literaturverzeichnisses angebracht.
- Danach erst kann das Studium des Hauptteils der Vorwissenschaftlichen Arbeit empfohlen werden, wobei zuerst Anfang und Schluss die grundlegenden Informationen über die jeweiligen Kapitel liefern (sollten).

„Alles klar! Es geht um unsere Studierfähigkeit, die wird also beurteilt", stellt Alexander fest. Julia ergänzt: „Das bedeutet aber auch enorme Selbstständigkeit. Darum hab ich also nicht mit jeder kleinen Frage jederzeit zu meinem betreuenden Professor laufen und mir alles erklären und erläutern lassen dürfen." – „Ganz recht! Und ein Abschreiben, ohne die Quellen angegeben zu haben, bedeutet eine negative Note; das wäre Plagiieren." – „Ob es Schülerinnen oder Schüler gibt, die andere ihre Arbeit schreiben haben lassen?", fragt Simon. „Das wär aber ganz schön dumm. Mit den heutigen elektronischen Möglichkeiten kommt man doch sofort dahinter", antwortet Sabrina. Lukas fasst zusammen: „Beurteilt wird, ob wir selbstständig mit den angegebenen Hilfsmitteln unsere Fragestellung ordentlich beantwortet haben."

Raum für Notizen

6.1.3 Checkliste 6 „Kriterienblöcke"

Es lassen sich mehrere Kriterienblöcke anführen, die zusammenfassend für die Beurteilung von Vorwissenschaftlichen Arbeiten herangezogen werden können. Die Kriterien berücksichtigen die Vorschläge der BMUKK-Handreichung *Die kompetenzorientierte Reifeprüfung, Vorwissenschaftliche Arbeit: Beurteilungskriterien für das Prüfungsgebiet* in der aktualisierten Fassung vom November 2013.[63]

☑ **Eigenverantwortliches Handeln**

Bringt sich die Schülerin bzw. der Schüler aktiv in die Themenfindung und Formulierung der Fragestellung ein und beweist sie bzw. er Eigenständigkeit in der Planung und Umsetzung des Vorhabens? Wird ein passendes Untersuchungsdesign gewählt? Wurden die vorweg formulierten Ziele erreicht? Deckt das Bearbeitungskonzept das Thema gut ab?

Sind die in der Arbeit vorgenommenen Abgrenzungen themengerecht und nachvollziehbar begründet? Ist das Bearbeitungskonzept in sich schlüssig und ausgewogen? Wird das Thema in einen größeren fachlichen Zusammenhang eingeordnet?

Hält sich die Schülerin bzw. der Schüler an Termine und Vereinbarungen und führt ein Prozessprotokoll? Wurden die besprochenen Regeln eingehalten? Wurde die Betreuung kontinuierlich in Anspruch genommen? Wurden die gesetzten Meilensteine eingehalten? Wurden Hinweise und Tipps aufgegriffen und selbstständig in der Arbeit umgesetzt? War Engagement erkennbar? Wurde zu den festgelegten Zeitpunkten über die Fortschritte der Arbeit informiert? Wurde das bilanzierende Gespräch konstruktiv verarbeitet?

Zeigt die Arbeit Eigenüberlegungen in Form eigener Ansatze, zeigt sie die Umsetzung eigener Ideen? Auf welchem Niveau liegen diese Eigenleistungen? Erweisen sie sich als treffend/abgesichert? Zeigt die Arbeit Eigenständigkeit hinsichtlich des Konzeptes der Problembearbeitung, hinsichtlich der Darstellung/Illustration, der Verdichtung und Verknüpfung des gesammelten Materials sowie hinsichtlich der Texte zur Wiedergabe/Kommentierung der Literatur?

☑ **Behandlung der Fragestellung**

Entwickelt die Schülerin bzw. der Schüler konkrete themenorientierte Fragestellungen und zeigt sie bzw. er theoretisches Verständnis und Problembewusstsein? Wird die Arbeit klar, übersichtlich und themenangepasst gegliedert? Werden die Ergebnisse korrekt und nachvollziehbar argumentiert? Dokumentiert sie bzw. er explizit den Erkenntnisgewinn und formuliert eine schlüssige Zusammenfassung? Werden Abbildungen zielorientiert eingesetzt und diese richtig interpretiert?

Wurden eigene Forschungsaktivitäten entfaltet und eigenständige Ansatze entwickelt? Wurden eigene Ansätze entwickelt bzw. eigene Stellungnahmen vorgenommen? Vermeidet die Schülerin bzw. der Schüler themenfremde bzw. redundante Ausführungen? Ist die Gewichtung der Bearbeitungsteile im Hinblick auf das Gesamtthema passend?

Ist die Fragestellung/Zielstellung klar formuliert? Ist die Fragestellung/Zielstellung themenadäquat, d.h., bezieht sie sich ausschließlich auf das vorliegende Thema? Wird die Fragestellung/Zielstellung dem Typ der Arbeit gerecht, d.h., schöpft sie das Thema hinsichtlich Breite und Tiefe in der Form aus, die man einer Schülerin bzw. einem Schüler im Rahmen einer Reifeprüfung zumuten und von ihr bzw. ihm fordern kann?

---

[63] URL: http://www.bmukk.gv.at/medienpool/22320/reifepruefung_ahs_vwabuk.pdf [10.12.2013]

Recherche
Sind die Schülerinnen bzw. Schüler kritisch mit der Literatur umgegangen? Beweisen sie Eigenständigkeit in der Auswahl themenbezogener Quellen? Kann die Qualität der Quellen und des Datenmaterials richtig eingeschätzt werden? Wurde die themenspezifische Literatur umfassend ausgewertet, vergleichend analysiert und entsprechend verarbeitet?

Stil- und Sprachregeln
Sind die Ausführungen verständlich und gut lesbar? Wurden die verwendeten Quellen offengelegt? Ist der Text in korrekter Fachsprache abgefasst? Wurden die zentralen Begriffe klar gebildet und alle Aussagen in sich schlüssig bewiesen bzw. mit nachprüfbaren Quellen den allgemein anerkannten Regeln entsprechend durchgängig und richtig belegt? Wurden Aussagen durch Beispiele verdeutlicht? Wurde gegen Grammatik-, Rechtschreib- oder Zeichensetzungsregeln verstoßen?

Formale Kriterien
Ist das Layout den schulinternen Vorgaben (Schriftgröße, Zeilenabstand, Ränder, Nummerierungen ...) entsprechend gestaltet? Wurden alle formalen Richtlinien befolgt? Ist der Aufbau systematisch und entspricht er der Themenstellung?
Sind Verzeichnisse (Inhalts-, Literatur-, Abbildungsverzeichnis ...) vollständig erstellt und Abbildungen/Tabellen (inkl. Quellenangabe) richtig beschriftet? Wurde eine vollständige Arbeit, die den gesetzlichen Vorgaben (Gliederung, Umfang) entspricht, abgegeben? Wie ist der äußere Eindruck der Arbeit?
Sind die Darstellungen (Abbildungen, Tabellen) korrekt durchnummeriert und inhaltlich bezeichnet? Wurde die vorgegebene Seitenzahl eingehalten? Ist die geforderte eidesstattliche Erklärung korrekt verfasst, datiert und eigenhändig mit Vor- und Zunamen auf allen einzureichenden Exemplaren unterschrieben?

Aufgrund der Aktualität[64] soll noch folgender zusätzlicher Kriterienblock angeführt werden:

Unerlaubte Hilfsmittel
Gibt es Hinweise auf eventuellen Plagiarismus? Gibt es Hinweise auf Ghostwriting? Ist ein abrupter Stilwechsel erkennbar? Tauchen immer wieder besondere, im Schulalltag nicht gebräuchliche Fachbegriffe auf, die nicht explizit erklärt oder definiert werden? Gibt es grammatikalische Holprigkeiten, die von automatischen Übersetzungsprogrammen stammen könnten?

Dieser Kriterienkatalog zur Beurteilung der Vorwissenschaftlichen Arbeit ist sehr umfangreich dargestellt worden, entspricht aber seinem Stellenwert und soll helfen, sich einen ersten Überblick zu verschaffen, welche möglichen Kriterien der Beurteilung einer Vorwissenschaftlichen Arbeit zugrunde gelegt werden sollten. Empfehlenswert und vorteilhaft für eine intersubjektiv nachvollziehbare Notengebung ist die Kombination von formalisierten analytischen Bewertungen[65] (Beschreibung der abschließenden Arbeit) und Ziffernote (Gesamtnote).

[64] Die Bedeutung der Hodegetik (Lehre vom wissenschaftlichen Arbeiten) ist in letzter Zeit durch Aberkennungsverfahren von akademischen Graden an Universitäten sehr stark in das öffentliche und fachliche Bewusstsein gerückt.
[65] Vgl. Jäger 2007, S. 219–236

6.1.4 Beurteilungsmatrix

Die Beurteilungsmatrix auf den folgenden Seiten orientiert sich an der aktualisierten Handreichung des BMUKK vom November 2013. Sie ist als Vorschlag zu verstehen, wie eine positive Gesamtnote automatisiert gebildet werden kann. Wenn Sie in den jeweiligen Punktespalten ein x eintragen, errechnet die Tabelle die Gesamtpunktezahl und weist die Gesamtnote aus. Ist in einer Zeile nichts eingetragen, werden die Felder gelb hinterlegt. Sind in einer Zeile zwei oder mehr Spalten ausgefüllt, werden die Felder rot hinterlegt. Erst wenn alle Punkte vergeben wurden, wird die Note errechnet und angezeigt.

Bitte beachten Sie, dass eine positive Beurteilung der Diplomarbeit nur zu erreichen ist, wenn alle (Teil)Kompetenzen zumindest mit einem Punkt („überwiegend") bewertet werden.[66]

Über den QR Code können Sie die Beurteilungsmatrix als Excel-Tabelle gratis downloaden und gegebenenfalls den Kriterien Ihrer Schule anpassen. Auf dem PC ist das Online-Angebot außerdem über den Content Key (die Ziffer unter dem QR Code) zugänglich. Dazu die Webadresse mit dem Content Key eingeben: http://durchstarten-zur-vorwissenschaftlichen-arbeit.veritas.at/qr/647

Key: 647

Die Beurteilungsmatrix liegt als Excel-Vorlage (xltx) in zwei Formen vor:

- Die geschützte Excel-Vorlage erlaubt Ihnen die Eingabe der Personennamen, des Titels der Arbeit sowie der erreichten Punkte. Alle anderen Bestandteile können nicht geändert werden.
- Die ungeschützte Excel- bzw. Open-Office-Vorlage erlaubt Ihnen die Anpassung der Beurteilungsmatrix an Ihre Bedürfnisse. Bitte beachten Sie, dass die Ergebnisse und Formatierungen durch Formeln ermittelt werden.
  - Einfache Textänderungen können grundsätzlich ohne Probleme vorgenommen werden.
  - Sollen Zeilen hinzugefügt werden, empfiehlt es sich, eine bestehende Zeile zu kopieren und den Text anzupassen, damit alle Formeln und Formatierungsinformationen erhalten bleiben.
  - Es dürfen nur Zeilen gelöscht werden, in die die erreichten Punkte eingetragen werden können. Alle anderen Zeilen dürfen grundsätzlich nicht gelöscht werden.
  - Es empfiehlt sich, die Datei nach den Anpassungen zu schützen, um irrtümliche Änderungen zu vermeiden.

[66] URL: http://www.bmukk.gv.at/medienpool/22320/reifepruefung_ahs_vwabuk.pdf [25.11.2013]

6.1.5 Beispiel 6a „Beurteilungsmatrix"

Benotung der abschließenden Arbeit von Frau Julia Jedermann, geb. am 16.5.1997

Vorschlag einer Beurteilungsmatrix					
Kandidatin/Kandidat:	Julia Jedermann				
Thema:	Zu den Chancen und Risiken von Facebook für Jugendliche				
Betreuerin/Betreuer:	Prof. Mag. Manfred Muster				
		Anspruchsniveau 1		**Anspruchsniveau 2**	
Beurteilungs-kriterien	**Die Kandidatin/Der Kandidat ...**	**über-wiegend**	**gänzlich**	**über das geforderte Maß hinaus**	**weit über das geforderte Maß hinaus**
	Schriftliche Arbeit	**1 Punkt**	**2 Punkte**	**3 Punkte**	**4 Punkte**
Eigenverant-wortliches Handeln (Selbst-kompetenz)	... bringt sich aktiv in die Themenfindung und Formulierung der Fragestellung ein.	☐	☐	☐	☒
	... wählt ein passendes Untersuchungsdesign.	☐	☐	☒	☐
	... beweist Eigenständigkeit in der Planung und Umsetzung des Vorhabens.	☐	☐	☐	☒
	... hält sich an Termine und Vereinbarungen.	☐	☐	☒	☐
	... führt ein Prozessprotokoll.	☐	☐	☐	☒
	... arbeitet zielorientiert.	☐	☒	☐	☐
	... greift angebotene Hilfestellungen und Korrekturvorschläge der Betreuerin/des Betreuers auf und setzt diese um.	☐	☐	☐	☒
Behandlung der Fragestellung (Inhaltliche Kompetenz)	... entwickelt konkrete themenorientierte Fragestellungen.	☐	☒	☐	☐
	... gliedert die Arbeit klar, übersichtlich und themenangepasst.	☐	☐	☒	☐
	... argumentiert die Ergebnisse korrekt und nachvollziehbar.	☐	☒	☐	☐
	... zeigt theoretisches Verständnis und Problem-bewusstsein.	☐	☒	☐	☐
	... dokumentiert explizit den Erkenntnisgewinn und formuliert eine schlüssige Zusammenfassung.	☐	☐	☒	☐
	... setzt Abbildungen zielorientiert ein und inter-pretiert diese richtig.	☐	☐	☒	☐
	... vermeidet themenfremde bzw. redundante Ausführungen.	☐	☐	☐	☒
Recherche (Informations-kompetenz)	... recherchiert kritisch und sachlogisch.	☐	☒	☐	☐
	... beweist Eigenständigkeit in der Auswahl themenbezogener Quellen.	☐	☒	☐	☐
	... kann die Qualität der Quellen und des Datenmaterials richtig einschätzen.	☐	☒	☐	☐
	... konzentriert sich auf themenrelevante Quellen.	☐	☐	☒	☐
Stil- und Sprachregeln (Sprachliche Kompetenz)	... verfasst Texte hinsichtlich Orthografie, Grammatik und Zeichensetzung den Anforderun-gen entsprechend.	☐	☒	☐	☐
	... verwendet eine sachlich korrekte Fachsprache.	☐	☒	☐	☐
	... zitiert den allgemein anerkannten Regeln entsprechend durchgängig und richtig.	☐	☐	☒	☐
Formale Kriterien (Gestaltungs-kompetenz)	... gestaltet das Layout den schulinternen Vorgaben entsprechend.	☐	☐	☐	☒
	... erstellt Verzeichnisse (Inhalts-, Literatur-, Abbildungsverzeichnis ...) vollständig und beschriftet Abbildungen/Tabellen (inkl. Quellenangabe).	☐	☐	☒	☐
	... gibt eine vollständige Arbeit, die den gesetzlichen Vorgaben (Gliederung, Umfang) entspricht, ab.	☐	☐	☒	☐
Ergebnis der VWA	**Summe**	**0**	**18**	**27**	**24**
	Gesamtpunktesumme der schriftlichen Arbeit	**69**			

6.1.6 Üben 6a

Benoten Sie Ihre Arbeit selbst und betrachten Sie diese Tätigkeit als Anstoß für einen intensiven Reflexionsprozess. Damit ist das Nachdenken über Ihre verfasste Arbeit gemeint, die damit noch einmal von allen Seiten beleuchtet und untersucht wird, um sie besser beurteilen zu können. Je genauer Sie Ihre Arbeit in Bezug auf alle Einzelkriterien analysieren, desto gründlicher und sinnvoller kann die Reflexion und somit Ihr weiterer Lernprozess und Lernzuwachs ausfallen.

Vorschlag einer Beurteilungsmatrix					
Kandidatin/Kandidat:					
Thema:					
Betreuerin/Betreuer:					
		Anspruchsniveau 1		**Anspruchsniveau 2**	
Beurteilungskriterien	**Die Kandidatin/Der Kandidat ...**	**überwiegend**	**gänzlich**	**über das geforderte Maß hinaus**	**weit über das gefor derte Maß hinaus**
	Schriftliche Arbeit	**1 Punkt**	**2 Punkte**	**3 Punkte**	**4 Punkte**
Eigenverantwortliches Handeln (Selbstkompetenz)	... bringt sich aktiv in die Themenfindung und Formulierung der Fragestellung ein.	☐	☐	☐	☐
	... wählt ein passendes Untersuchungsdesign.	☐	☐	☐	☐
	... beweist Eigenständigkeit in der Planung und Umsetzung des Vorhabens.	☐	☐	☐	☐
	... hält sich an Termine und Vereinbarungen.	☐	☐	☐	☐
	... führt ein Prozessprotokoll.	☐	☐	☐	☐
	... arbeitet zielorientiert.	☐	☐	☐	☐
	... greift angebotene Hilfestellungen und Korrekturvorschläge der Betreuerin/des Betreuers auf und setzt diese um.	☐	☐	☐	☐
Behandlung der Fragestellung (Inhaltliche Kompetenz)	... entwickelt konkrete themenorientierte Fragestellungen.	☐	☐	☐	☐
	... gliedert die Arbeit klar, übersichtlich und themenangepasst.	☐	☐	☐	☐
	... argumentiert die Ergebnisse korrekt und nachvollziehbar.	☐	☐	☐	☐
	... zeigt theoretisches Verständnis und Problembewusstsein.	☐	☐	☐	☐
	... dokumentiert explizit den Erkenntnisgewinn und formuliert eine schlüssige Zusammenfassung.	☐	☐	☐	☐
	... setzt Abbildungen zielorientiert ein und interpretiert diese richtig.	☐	☐	☐	☐
	... vermeidet themenfremde bzw. redundante Ausführungen.	☐	☐	☐	☐
Recherche (Informationskompetenz)	... recherchiert kritisch und sachlogisch.	☐	☐	☐	☐
	... beweist Eigenständigkeit in der Auswahl themenbezogener Quellen.	☐	☐	☐	☐
	... kann die Qualität der Quellen und des Datenmaterials richtig einschätzen.	☐	☐	☐	☐
	... konzentriert sich auf themenrelevante Quellen.	☐	☐	☐	☐
Stil- und Sprachregeln (Sprachliche Kompetenz)	... verfasst Texte hinsichtlich Orthografie, Grammatik und Zeichensetzung den Anforderungen entsprechend.	☐	☐	☐	☐
	... verwendet eine sachlich korrekte Fachsprache.	☐	☐	☐	☐
	... zitiert den allgemein anerkannten Regeln entsprechend durchgängig und richtig.	☐	☐	☐	☐
Formale Kriterien (Gestaltungskompetenz)	... gestaltet das Layout den schulinternen Vorgaben entsprechend.	☐	☐	☐	☐
	... erstellt Verzeichnisse (Inhalts-, Literatur-, Abbildungsverzeichnis ...) vollständig und beschriftet Abbildungen/Tabellen (inkl. Quellenangabe).	☐	☐	☐	☐
	... gibt eine vollständige Arbeit, die den gesetzlichen Vorgaben (Gliederung, Umfang) entspricht, ab.	☐	☐	☐	☐
Ergebnis der VWA	**Summe**				
	Gesamtpunktesumme der schriftlichen Arbeit				

6.1.7 Beispiel 6b „Beschreibung“

Verbale Beschreibung:

Frau Julia Jedermann legt eine Arbeit vor, in der sie ihr erkenntnisleitendes Interesse offenlegt und ihre zentralen Fragestellungen, (a) was die Motive zum Beitritt in digitale soziale Netzwerke sind, (b) welche Chancen und Risiken Jugendliche dort erwarten bzw. (c) sie selber wahrnehmen, ordentlich expliziert. Die Relevanz der Problematik wird durch ihre Aktualität argumentativ begründet.
Die Arbeit ist grundsätzlich folgerichtig gegliedert, wiewohl der Begriff soziale Kompetenz besser im Kapitel Soziale Netzwerke aufgehoben wäre. Auf Grundlage klassischer Literatur wird der soziale Lebensraum von Jugendlichen für ein vertiefendes Verständnis phänomenologisch gut dargestellt. Ausbreitend geht die Autorin auf die zentralen Begriffe (a) soziale Netzwerke, (b) Beitrittsmotive sowie (c) Nutzungs- und (d) Gefahrenpotenziale in digitalen Netzwerken ein. Sie werden systematisch mit Hilfe unterschiedlicher Quellen (sehr viele Onlinequellen, deren Seriosität nicht immer überprüfbar ist) aufgearbeitet und in einen Begründungszusammenhang gebracht. Sehr positiv fällt auf, dass viele Aussagen mit recherchierten Studien belegt werden. Unangenehm bemerkt werden geringe Schwächen in der wissenschaftlichen Ausdrucksweise (es ist äußerst wichtig …, sollte man vermeiden … etc.) und die nicht durchgängig stringente Verwendung definierter Begriffe (zB Benennung unterschiedlicher Motive). Die Erkenntnisse aus dem Theorieteil werden verständlich zusammengefasst und bilden die Grundlage für die nachfolgende Fragebogenerhebung. Der Aufbau der quantitativ-empirischen Explorationsstudie ist intersubjektiv nachvollziehbar, der Fragebogen entspricht im Wesentlichen den zu stellenden methodologischen Anforderungen, die Stichprobe ist mit 50 Schülerinnen und Schülern aus 3 Klassen ausreichend. Die Ergebnisse werden sowohl grafisch als auch tabellarisch verständlich und klar dargestellt.
Der wissenschaftliche Apparat wird von Frau Jedermann fehlerlos angewandt. Die Arbeit ist fast frei von Verstößen gegen die Sprach- und Schreibrichtigkeit. Lediglich einige Beistrichfehler fallen unangenehm auf. Das Layout ist ansprechend und gefällig.
Im Prozess der Betreuung wurden durchgängig großes Engagement und Selbstständigkeit beim Recherchieren zum Zweck des Wissenserwerbs bemerkt. Lediglich bei der grafischen Darstellung der Deskriptivstatistiken mit entsprechender Software musste die Betreuung wiederholt in Anspruch genommen werden.

Datum: ....

6.1.8 Üben 6b

Verfassen Sie nun zu Ihrer Arbeit selbst eine Beschreibung.
Verbale Beschreibung:

„Gut, jetzt wissen wir, worauf unsere Professorinnen und Professoren schauen, wenn sie eine Beschreibung über unsere Arbeiten verfassen", meint David. Lena fragt: „Und was wird bei der Präsentation mit anschließender Diskussion bewertet? Welche Kriterien gibt es da?" – „Und wie setzt sich dann schlussendlich die Gesamtnote zusammen?", stößt Sabrina nach.

6.2 Präsentation und Endnote

6.2.1 Beurteilungskriterien der Präsentation

Das Ziel der Präsentation ist die Vorstellung relevanter inhaltlicher Teilbereiche der abschließenden Arbeit und die Erläuterung des persönlichen Zugangs zum Thema. Erwartet wird ein Problemaufriss und nicht lediglich eine Inhaltsangabe. Zum Zwecke der Disputation sollen in der anschließenden Diskussion fachliche Fragen zur Arbeit präzise, klar und verständlich beantwortet werden, um das eigenständige Arbeiten unter Beweis zu stellen.[67] Zweck der Präsentation ist daher die Darlegung der Kernaussagen und der Nachweis der Eigenständigkeit der Abfassung der abschließenden Arbeit. Dabei sind folgende Aspekte aufzuzeigen:

- das erkenntnisleitende Interesse im Zusammenhang mit der Relevanz der Problematik einschließlich des persönlichen Zugangs zum Thema
- die Fragestellung(en) innerhalb der Problemstellung samt Arbeitshypothesen (falls welche formuliert wurden)
- im Rahmen eines kurzen Abrisses der Gesamtproblematik die Problemzonen (Kernthema) und interessante Phasen (das Wesentliche)
- die Ergebnisse der Arbeit
- eine Zusammenschau und ev. ein Ausblick

Die Präsentation gibt den Schülerinnen und Schülern die Möglichkeit zu zeigen, dass sie sich in den gewählten Fachbereichen eingearbeitet und Wissen angeeignet haben sowie sich einer wissenschaftsangenäherten Diskussion stellen und dabei zur speziellen Themenstellung Perspektiven darlegen und begründen können. Die Präsentation soll möglichst anschaulich erfolgen, alle verwendeten Methoden und Medien haben aber im Dienst des oben angeführten Ziels zu stehen und nicht Selbstzweck zu werden. Im Rahmen der Präsentation hat sich die Prüfungskandidatin oder der Prüfungskandidat auch den kritischen Fragen der Lehrperson bzw. der Kommissionsmitglieder zu stellen.
Die Kriterien zur Beurteilung der Präsentation betreffen einerseits den Inhalt der abschließenden Arbeit, aber auch andererseits die Fähigkeit zur mündlichen Präsentation und Diskussion. Als Kriterien können daher die nachfolgenden Fähigkeiten angegeben werden:

- Fähigkeit zur klaren, sachlich fundierten Ausdrucksweise
- Fähigkeit zum Aufspüren von Querverbindungen
- Fähigkeit zu vernetztem Denken
- Fähigkeit zur mündlichen Präsentation einer komplexen, schriftlich abgehandelten Fragestellung

Die Gesamtnote ergibt sich aus der gewichteten Summe der Einzelleistungen.

---

[67] Vgl. BMUKK 2013b, S. 24

6.2.2 Beispiel 6c „Beurteilung der Präsentation"

Frau Julia Jedermann, geb. am 16.5.1997

	Präsentation	1 Punkt	2 Punkte	3 Punkte	4 Punkte
Aufbau und Inhalt	... gliedert die Präsentation klar und schlüssig und überschreitet die Zeitvorgabe nicht.	☐	☒	☐	☐
	... erörtert strukturiert den persönlichen Zugang zur Thematik, bedeutende Kerninhalte, analysiert Ergebnisse und gibt einen kurzen Ausblick.	☐	☐	☒	☐
	... kann Querverbindungen herstellen (vernetztes Denken).	☒	☐	☐	☐
	... setzt Medien sinnvoll zur Unterstützung des Vortrages ein.	☐	☒	☐	☐
Sprache und Auftreten	... spricht frei, in angemessener Fachsprache und grammatikalisch richtig.	☐	☐	☒	☐
	... tritt überzeugend auf und kann den persönlichen Erkenntnisgewinn argumentativ darlegen.	☐	☒	☐	☐
Diskussion (Diskursfähigkeit)	... beantwortet Fragen zum methodischen Vorgehen und zum Arbeitsprozess korrekt.	☐	☐	☒	☐
	... antwortet auf Fragen zum Inhalt des Projektes richtig und kann eigene Argumente sachlogisch begründen.	☐	☒	☐	☐
Ergebnis der Präsentation	**Summe**	1	8	9	0
	Gesamtpunktesumme der Präsentation inkl. Diskussion	18			

6.2.3 Gewichtung der Prüfungsteile

Die Beurteilung von Präsentation und Diskussion fließt gem. § 38 Abs. 2 SchUG in den begründeten Antrag der Prüferin oder des Prüfers zur Beurteilung der abschließenden Arbeit durch die Prüfungskommission ein. Das Hauptaugenmerk liegt dabei auf der Erstellung der schriftlichen Arbeit, deren Beschreibung durch die Prüferin oder den Prüfer somit eine Beurteilungsgrundlage und Orientierung für das zu vergebende Kalkül darstellt.[67]

„Das finde ich fair! Der Schwerpunkt liegt auf der schriftlichen Arbeit", bemerkt Lukas. „Die Präsentation und die Diskussion können den Eindruck der Beschreibung der schriftlichen Arbeit zu Gunsten oder zu Ungunsten der Gesamtbeurteilung beeinflussen", ergänzt Sabrina. „Das ist ja schon mal beruhigend zu wissen", gibt sich David zufrieden.

6.2.4 Notenskala

Sehr gut

Die Arbeit erfüllt in allen Bereichen weit über das Wesentliche hinausgehend die Anforderungen der Themenstellung gemäß den Beurteilungskriterien. Sie zeigt deutliche Eigenständigkeit der Schülerin bzw. des Schülers im Aufsuchen und in der Bearbeitung von Quellenmaterial und Literatur, wobei nicht die Quantität der verwendeten Unterlagen, sondern die Qualität der Verarbeitung ausschlaggebend ist.

Gut

Die Arbeit weist über das Wesentliche hinausgehende Ansätze zur Eigenständigkeit hinsichtlich der Bewältigung des bearbeiteten Themas sowie im Hinblick auf die Auswahl und die Verwendung der zur Verfügung stehenden Arbeitsunterlagen auf. Der sprachliche Ausdruck und die formale Darbietung sind einwandfrei.

[68] Vgl. BMUKK 2013a, S. 5

Befriedigend

Die Arbeit ist in wesentlichen Bereichen logisch aufgebaut und übersichtlich strukturiert. Sie bietet sachlich richtige Aussagen zum gestellten Thema. Die angegebenen Arbeitsunterlagen wurden im Allgemeinen sinnvoll verwendet. Mängel in der Eigenständigkeit gehen aus dem Begleitprotokoll hervor.

Genügend

Die Arbeit bietet in den wesentlichen Bereichen des gestellten Themas überwiegend logisch und sachlich richtige Aussagen. Die verwendeten Arbeitsunterlagen wurden mitunter mangelhaft verwertet. Die Arbeit weist im sprachlichen und formalen Bereich keine allzu groben Mängel auf.

Nicht genügend

Die Arbeit erfüllt nicht die Anforderungen, die zu einer Beurteilung mit Genügend ausreichen würden. Die vom Betreuer angebotenen Hilfestellungen wurden nicht angenommen.

6.2.5 Beispiel 6d „Notenvorschlag"

Der Vorschlag für die Gesamtnote an die Prüfungskommission wird aus der Bewertung der schriftliche Arbeit und der Präsentation samt Diskussion festgelegt. Mit der möglichen Punkteanzahl ist zugleich auch eine Gewichtung zugunsten der schriftlichen Arbeit im Verhältnis 3:1 verbunden.

Gesamtergebnis nach Punkten				**87**	
Sehr gut	**105–128**	**Befriedigend**	**57–80**	**Ziffernote:**	**Gut**
Gut	**81–104**	**Genügend**	**32–56**		

Der Vorschlag zur Note von Frau Julia Jedermann lautet daher: Gut

6.2.6 Üben 6c

Videographieren Sie Ihre Präsentation, analysieren und beurteilen Sie diese selbst oder lassen Sie sich von einem „kritischen Freund/einer kritischen Freundin" beurteilen.

	Präsentation	**1 Punkt**	**2 Punkte**	**3 Punkte**	**4 Punkte**
Aufbau und Inhalt	… gliedert die Präsentation klar und schlüssig und überschreitet die Zeitvorgabe nicht.	☐	☐	☐	☐
	… erörtert strukturiert den persönlichen Zugang zur Thematik, bedeutende Kerninhalte, analysiert Ergebnisse und gibt einen kurzen Ausblick.	☐	☐	☐	☐
	… kann Querverbindungen herstellen (vernetztes Denken).	☐	☐	☐	☐
	… setzt Medien sinnvoll zur Unterstützung des Vortrages ein.	☐	☐	☐	☐
Sprache und Auftreten	… spricht frei, in angemessener Fachsprache und grammatikalisch richtig.	☐	☐	☐	☐
	… tritt überzeugend auf und kann den persönlichen Erkenntnisgewinn argumentativ darlegen.	☐	☐	☐	☐
Diskussion (Diskursfähigkeit)	… beantwortet Fragen zum methodischen Vorgehen und zum Arbeitsprozess korrekt.	☐	☐	☐	☐
	… antwortet auf Fragen zum Inhalt des Projektes richtig und kann eigene Argumente sachlogisch begründen.	☐	☐	☐	☐
Ergebnis der Präsentation	**Summe**				
	Gesamtpunktesumme der Präsentation inkl. Diskussion				

6.3 TOP FIVE 6

1. Reflektieren und beurteilen Sie Ihr Bearbeitungskonzept!
2. Reflektieren und beurteilen Sie Ihren Bearbeitungsinhalt!
3. Reflektieren und beurteilen Sie Ihren Darstellungsstil!
4. Reflektieren und beurteilen Sie Ihre Darstellungsform!
5. Reflektieren und beurteilen Sie Ihre Präsentation!

7 Literaturverzeichnis

Bänsch, Axel (2003): *Wissenschaftliches Arbeiten. Seminar- und Diplomarbeiten* (8., durchgesehene und erweiterte Auflage). München: Oldenbourg

Brink, Alfred (2005): *Anfertigung wissenschaftlicher Arbeiten* (2., völlig überarbeitete Auflage). München: Oldenbourg

Bundeskanzleramt Österreich (2010): *Rechtsinformationssystem – RIS.* URL: http://www.ris.bka.gv.at [29.8.2011]

Bundeskanzleramt Österreich (2011): *Leistungsbeurteilungsverordnung.* URL: http://www.ris.bka.gv.at/GeltendeFassung/Bundesnormen/10009375/Leistungsbeurteilungsverordnung%2c%20Fassung%20vom%2011.10.2011.pdf [11.10.2011]

Bundesinstitut für Bildungsforschung, Innovation & Entwicklung des österreichischen Schulwesens – BIFIE (2011): *Standardisierte Reife- und Diplomprüfung.* URL: https://www.bifie.at/node/134 [9.10.2011]

Bundesministerium für Unterricht, Kunst und Kultur – BMUKK (2011, 22. September): *Die neue AHS-Reifeprüfung. Die neue BHS-Reife- und -Diplomprüfung.* URL: http://www.bmukk.gv.at/schulen/unterricht/ba/reifepruefungneu.xml [29.9.2011]

Bundesministerium für Unterricht, Kunst und Kultur – BMUKK (2013): *Standardisierte, kompetenzorientierte Reifeprüfung an AHS.* URL: http://www.bmukk.gv.at/schulen/unterricht/ba/reifepruefung.xml [10.12.2013]

Bundesministerium für Unterricht, Kunst und Kultur – BMUKK (Hrsg.) (2013a): *Vorwissenschaftliche Arbeit. Beurteilungskriterien für das Prüfungsgebiet. Version November 2013.* URL: http://www.bmukk.gv.at/medienpool/22320/reifepruefung_ahs_vwabuk.pdf [19.2.2014]

Bundesministerium für Unterricht, Kunst und Kultur – BMUKK (Hrsg.) (2013b): *Vorwissenschaftliche Arbeit. Eine Handreichung. Version November 2013.* URL: http://www.bmukk.gv.at/medienpool/22700/reifepruefung_ahs_lfvwa.pdf [19.2.2014]

Eco, Umberto (2003): *Wie man eine wissenschaftliche Abschlussarbeit schreibt.* 13., unveränd. Auflage der dt. Ausgabe. Wien: Facultas. WUV

Henz, Katharina (2011): *Vorwissenschaftliches Arbeiten. Ein Praxisbuch für die Schule* (2. Auflage). Wien: Dorner

Jäger, Reinhold S. (2007): *Beobachten, beurteilen, fördern! Lehrbuch für die Aus-, Fort- und Weiterbildung.* (Erziehungswissenschaft, 21) Landau: Verlag Empirische Pädagogik

Karmasin, Matthias, Ribing, Rainer (2007): *Die Gestaltung wissenschaftlicher Arbeiten* (2., aktualisierte Auflage). Wien: Facultas

Kleiner, Konrad (2002): *Richtlinien zur Manuskriptgestaltung.* URL: http://zsu-schmelz.univie.ac.at/fileadmin/user_upload/ spowi/ISW/Abteilungen/Fachdidaktik/Arbeiten/Zitationsrichtlinien.pdf [29.08.2011]

Röbken, Heinke (2006): *Managementkonzepte in der Schulentwicklung. Eine Modeerscheinung?* In: Zeitschrift für Erziehungswissenschaft, H. 2, S. 255–271

Rossig, Wolfram E., Prätsch, Joachim (2006): *Wissenschaftliche Arbeiten – Leitfaden für Haus- und Seminararbeiten, Bachelor- und Masterthesis, Diplom- und Magisterarbeiten, Dissertationen* (6., erweiterte Auflage). Weyhe: Teamdruck

Schatzl, Andreas (2011): *Standardisierte, kompetenzorientierte Reifeprüfung an AHS Schuljahr 2013/14.* URL: http://www.bmukk.gv.at/medienpool/19913/reifepruefung_ahs_pr.pdf [23.3.2012]

Schulunterrichtsgesetz 2010 – SchUG: Österreichisches Bundesgesetz vom 19. Juli 2010, mit dem das Schulunterrichtsgesetz geändert wird. BGBl. Nr. 52/2010. URL: http://www.ris.bka.gv.at/Dokumente/BgblAuth/BGBLA_2010_I_52/BGBLA_2010_I_52.pdf [23.3.2012]

Theisen, Manuel R. (2006): *Wissenschaftliches Arbeiten. Technik – Methodik – Form* (13., überarbeitete und aktualisierte Auflage). München: Vahlen

8.1 Darstellungsverzeichnis

8.2 Linkliste zu wissenschaftlichen Arbeiten

Österreichische Bibliotheken

Österreichische Nationalbibliothek
http://www.onb.ac.at/
Informationen über österreichische Bibliotheken
http://www.obvsg.at/
http://orawww.uibk.ac.at/public_prod/owa/portal.bibliotheken
Bibliothek des österreichischen Parlaments
http://www.parlament.gv.at/SERV/ANG/BIBL/

Österreichische Universitätsbibliotheken

Graz: http://ub.uni-graz.at/
Innsbruck: http://www.uibk.ac.at/ulb/
Uni Klagenfurt: http://ub.uni-klu.ac.at/cms/index.php
Leoben: http://bibliothek.unileoben.ac.at/
Linz: http://www.jku.at/UB/content
Salzburg: http://www.uni-salzburg.at/index.php?id=132
Wien: http://bibliothek.univie.ac.at/
http://www.ub.tuwien.ac.at/
http://ub.meduniwien.ac.at/

Empfehlenswerte Suchmaschinen

http://www.google.at/ (http://scholar.google.at)
http://www.altavista.com/
http://www.lycos.de/
http://www.hotbot.com/
http://de.yahoo.com/
http://www.sharelock.at/

Empfehlenswerte Metasuchmaschinen

http://www.metager.de/
http://www.metacrawler.de/
http://meta.rrzn.uni-hannover.de/
http://www.ask.com/
http://www.searchpdf.com/

Empfehlenswerte Spezialsuchmaschinen

http://www.powercat.de/
http://www.klug-suchen.de/
http://www.babylon.com/
http://www.dmoz.com/
http://forschungsportal.net/
http://www.yoodle.com/

Internet-Links zum Thema „Wissenschaftliches Arbeiten"

http://www.ahs-vwa.at/
http://land.salzburg.at/schule/faecher/fba.htm
http://fs-soziologie.uni-koeln.de/
http://tud.at/publizistik/1.2-goet-uebarb.php3
http://library.rit.edu/
http://www.apastyle.org/
http://www.bibl.ulaval.ca/doelec/citedoce.html
http://www.columbia.edu/cu/cup/cgos/idx_basic.html
http://www.inst.at/links/oelit.htm
http://www.learn.to/quote
http://www.profiwissen.at/
http://www.univie.ac.at/juridicum/

8.3 Glossar

Artefakte
arte „mit Kunst", *factum* „das Gemachte": Menschliche Hervorbringnisse, „Gemachtes" im Unterschied zu einfach passiv Vorgefundenem.

Dialektik
dialektiké téchne „Kunst der Unterredung, Gesprächsführung": Die Lehre von den Gegensätzen in den Dingen bzw. den Begriffen sowie die Auffindung und Aufhebung dieser Gegensätze. Vereinfachend dargestellt, ein Diskurs werdend, in dem einer bestehenden Auffassung oder Überlieferung als These ein Aufzeigen von Problemen und Widersprüchen als Antithese gegenübergestellt wird, woraus sich eine Lösung oder ein neues Verständnis als Synthese ergibt (Georg Wilhelm Friedrich Hegel 1770–1831).

Diktion
dictio „sagen, aussprechen": Ist die mündliche oder schriftliche Ausdrucks- oder Sprechweise einer Person oder eines bestimmten Textes.

Diplomarbeit
Eine Diplomarbeit ist in Österreich eine betreute wissenschaftliche oder künstlerische Abschlussarbeit eines Diplom- oder Magisterstudiums an einer Universität oder eines Diplom-Studiengangs an einer Hochschule oder Berufsakademie. In Österreich bezeichnet der Begriff außerdem eine Projektarbeit (vgl. Vorwissenschaftliche Arbeit), welche an einer berufsbildenden höheren Schule im Rahmen der Reifeprüfung verfasst werden muss.

Diskurs
discursus „Erörterung, Mitteilung": Ein erörternder Vortrag oder hin und her gehendes Gespräch.

Disputation
disputare „berechnen, genau überlegen, von allen Seiten beurteilen": Ein wissenschaftliches Streit- oder Lehrgespräch, ein öffentlicher Wortkampf der Gelehrten über ein feststehendes Thema – also eine Art „Podiumsdiskussion". Der Teilnehmer an einem solchen Gespräch heißt Disputant.

Dissertationen
„Auseinandersetzung, Erörterung, ausführliche Besprechung": Eine Dissertation (kurz Diss.) oder Doktorarbeit, seltener Dissertationsschrift oder Doktorschrift ist eine eigenständig verfasste wissenschaftliche Forschungsarbeit auf hohem Niveau zur Erlangung eines Doktorgrades an einer Universität oder einer Hochschule mit Promotionsrecht.

Disziplin
disciplina „Lehre, Zucht, Schule": Teilbereich der Wissenschaft

Empirie
empeiria „Erfahrung, Erfahrungswissen": Im Labor oder im Feld gewonnenes Datenmaterial, das auf gezielten, systematisch verlaufenden Untersuchungen beruht und dessen Auswertung samt Schlussfolgerungen auf eine allgemeine Wahrheit abzielt.

Evidenz
Ex „aus", *videre* „sehen", „das Herausscheinende": Bezeichnet das dem Augenschein nach Unbezweifelbare, das durch unmittelbare Anschauung oder Einsicht Erkennbare. Evident ist ein Sachverhalt, der unmittelbar ohne besondere methodische Aneignung klar auf der Hand liegt. Evidenzbasierte Forschung (von englisch *evidence-based research* „auf Beweismaterial gestützte Forschung") ist eine jüngere Forschungstradition, die ausdrücklich die Forderung erhebt, dass Theorien mit empirischen Daten abgesichert sein sollen. Die Bezeichnung Evidenz wird in diesem Zusammenhang auf das Begriffsfeld von *evidence* im Englischen bezogen und so als „Nachweis" oder „Beleg" verstanden, was nicht mit der Bedeutung von „Evidenz" im Deutschen übereinstimmt.

Ghostwriting
Ghostwriter „Geisterschreiber, unsichtbarer Schreiber": Liegt vor, wenn ein Autor im Namen und Auftrag einer anderen Person eine schriftliche Arbeit verfasst.

Habilitationsschrift
Habilis „geschickt, geeignet, fähig": Eine schriftliche wissenschaftliche Forschungsarbeit auf höchstem Niveau im Rahmen des Erwerbs der Lehrberechtigung an einer wissenschaftlichen Hochschule oder Universität.

Hermeneutik
hermeneúein „aussagen, auslegen, übersetzen": Kunst der Auslegung und Deutung, Technik des Verstehens. Ist die Wissenschaft vom Verstehen, man versteht darunter die Auslegung oder Interpretation der Lebenswirklichkeit in der Zeit (Vergangenheit – Gegenwart – Zukunft). Hermeneutik im engeren Sinn meint das Verstehen von überlieferten Texten (Wilhelm Dilthey 1833–1911).

Intersubjektivität
Inter „zwischen"; *Subjekt* „Person, Akteur": Ist gegeben, wenn ein Sachverhalt für mehrere Betrachter gleichermaßen erkennbar und nachvollziehbar ist.

Logik
logos „Wort, Rede, Aussage, Behauptung, Vernunft", *logikétéchnê* „denkende Kunst, Vorgehensweise": Die Lehre von den Prinzipien des richtigen, d. h. schlüssigen Denkens und Beweisführens; die Wissenschaft vom richtigen Schließen. Logisch richtig ist, wenn wahre Voraussetzungen zu wahren Schlüssen führen.

Masterarbeit
Eine Masterarbeit, (selten) auch Master-Thesis, ist international eine wissenschaftliche oder künstlerische Arbeit, die für den Abschluss eines Master-Studienganges verfasst wird. Die Masterarbeit dient dabei im Allgemeinen als Nachweis darüber, dass der Prüfling in der Lage ist, eine wissenschaftliche bzw. künstlerische Arbeit selbständig, aber unter Betreuung zu verfassen.

Metasuchmaschinen
Metasuchmaschinen sind Suchmaschinen, die Suchanfragen parallel an mehrere Suchmaschinen weiterleiten.

Methodologie
Methodos „Nachgehen, Verfolgen, einen Weg entlang gehen", *methodologia* „Lehre über die Vorgehensweise": Die Lehre von den wissenschaftlichen Methoden. Gefragt wird nach den Kriterien, welche Methode für eine bestimmte Art der Anwendung geeignet ist, geklärt werden Verständnisfragen zum methodischen Weg.

Monographie
„Einzelschrift": Eine umfassende, in sich vollständige Abhandlung über einen einzelnen Gegenstand, also ein einzelnes Werk.

Objektivität
Die Unabhängigkeit der Versuchsergebnisse von den Rahmenbedingungen (Randbedingungen). Eine Untersuchung sollte unabhängig von den räumlichen Bedingungen und Untersuchungsleitern zu denselben Ergebnissen führen.

Paginierung
Seitennummerierung eines Schriftstückes, meist in der Kopfzeile oder unter bzw. in der Fußzeile.

Paradigma
parà „neben", *deiknymi* „zeigen", *parádeigma* „begreiflich machen": Ein vorherrschendes Denkmuster, eine allgemein anerkannte Lehrmeinung. Ein Paradigma ist ein allgemein anerkannter Konsens über Annahmen und Vorstellungen, die es ermöglichen, für eine Vielzahl von Fragestellungen Lösungen zu bieten. Ein Paradigma ist solange anerkannt, bis Phänomene auftreten, die mit der bis dahin gültigen Lehrmeinung nicht vereinbar sind. Das Sich-Durchsetzen einer neuen Lehrmeinung wird als Paradigmenwechsel bezeichnet.

Paraphrase
pará „dabei, daneben, dazu", *phrásis* „Redeweise, Ausdruck": Die sachliche Wiederholung eines sprachlichen Ausdrucks mit eigenen Worten, die Umschreibung der Bedeutung des Originals durch andere sprachliche Ausdrücke mit dem Anspruch einer identischen Wiedergabe des Sinns.

Phänomenologie
phainómenon „Sichtbares, Erscheinung“: Ist eine philosophische Strömung, in welcher der Ursprung der Erkenntnisgewinnung in unmittelbar gegebenen Erscheinungen, eben den Phänomenen, gesehen wird. Es geht um die Beschreibung der Phänomene, um das Wesen einer Sache (Edmund Husserl 1859–1938).

Plagiarismus
plagium „Menschenraub“: Das Aneignen fremder geistiger Leistungen. Dies kann sich auf die Übernahme fremder Texte (Darstellungen) oder Ideen beziehen. Die nicht als Zitat gekennzeichnete Übernahme fremder Texte ist in der Regel eine Urheberrechtsverletzung und kann gegen Gesetze verstoßen. In der Wissenschaft kann ein Plagiat gegen Prüfungsordnungen, Arbeitsverträge oder Universitätsrecht verstoßen.

Prämisse
praemissum „das Vorausgeschickte“: Bezeichnet in der Logik eine Voraussetzung oder Annahme. Sie ist eine Aussage, aus der eine logische Schlussfolgerung gezogen wird.

Praxis
„Handlung, Verrichtung“: Der Begriff wird alltagssprachlich als Gegenteil von Theorie benutzt.

Reflexionsprozess
Damit ist das Nachdenken über eine vergangene Situation gemeint, die damit noch einmal von allen Seiten beleuchtet und untersucht wird, um sie besser zu verstehen und bewusst aus ihr zu lernen. Je genauer die Situation, um die es geht, wahrgenommen und in ihren Einzelheiten beobachtet wurde, desto gründlicher und sinnvoller kann die Reflexion ausfallen.

Reliabilität (Zuverlässigkeit)
Ein Maß für die formale Genauigkeit bzw. Verlässlichkeit wissenschaftlicher Messungen. Bei Wiederholung eines Experimentes unter gleichen Rahmenbedingungen würde das gleiche Messergebnis erzielt. Reliabilität ist also eine Voraussetzung für die Replizierbarkeit von Ergebnissen unter gleichen Bedingungen.

Scientific Community
„Wissenschaftsgemeinde“: Die Gesamtheit aller am internationalen Wissenschaftsbetrieb teilnehmenden Wissenschaftlerinnen und Wissenschaftlern.

Serifen
Serifen sind die (mehr oder weniger) feinen Linien, die einen Buchstabenstrich am Ende, quer zu seiner Grundrichtung, abschließen (zB Times New Roman).

State of the Art
Der höchste verfügbare Entwicklungszustand einer bestimmten Technologie, der aktuelle Stand der Wissenschaft in einer Disziplin.

Stringenz
stringent „bündig, zwingend“: Schlüssigkeit, Durchgängigkeit. Die strenge Einhaltung entsprechender Regeln, Vorschriften, Richtlinien. Eine logische und überzeugende Beweisführung, ein logischer und überzeugender Schluss.

Theorie
Theorein „beobachten, betrachten“: Bezeichnete ursprünglich die Betrachtung der Wahrheit durch reines Denken, unabhängig von ihrer Realisierung. Daher wird der Begriff alltagssprachlich auch als Gegenteil von Praxis benutzt.

Validität (Gültigkeit)
Validus „kräftig, wirksam“: Das argumentative Gewicht einer (vornehmlich wissenschaftlichen) Aussage, Untersuchung oder Theorie. Wird Wissenschaft als System zur Erzeugung und Verfeinerung von Annahmen über Ursache-Wirkungs-Zusammenhänge verstanden, bezeichnet Validität die Gültigkeit bzw. Belastbarkeit dieser Annahmen.